AJUNTAMENT DE BURJASSOT

Saluda de l'alcalde

D. José Luis Andrés Chavarrías
Alcalde-President de
l'Ajuntament de Burjassot

El patrimoni històric i natural d'un municipi és una gran font de riquesa per a aquest. Les traces de la Història que al llarg dels segles han quedat impreses en el nostre territori, i també els espais naturals que la nostra terra ens ha llegat, representen valors i béns que la societat d'un municipi, com en aquest cas és Burjassot, ha de cuidar encaridament. Per això, és important que des dels serveis públics es faça tot el que es puga per conscienciar la població de la importància de preservar aquests espais que no hem construït nosaltres, sinó que ens han vingut donats i per això amb més motiu hem de fer el que es puga per conservar-los en les millors condicions.

La conservació del nostre patrimoni ha de convertir-se en un projecte comú per a tota la societat que forma un municipi, de manera que des de tots els sectors socials s'ha de posar el major esforç en aquesta tasca.

És cert que des dels últims anys s'està posant un interés especial en la inculcació d'aquest tipus de valors des de l'escola i, de manera progressiva, van sorgint en la nostra societat nombroses entitats i associacions que treballen de valent per cuidar, valorar i promocionar la riquesa patrimonial dels pobles. Així, l'Ajuntament de Burjassot no vol i no ha de quedar-se al marge en la promoció del seu patrimoni històric i natural i ha considerat especialment interessant la participació en aquest projecte editorial, que pretén ser un llibre obert en què el lector puga conéixer un

poc més les singularitats patrimonials que amaguen els distints municipis i localitats de la nostra geografia. El fet que els habitants d'una població coneguen el patrimoni del seu municipi segurament facilitarà l'interés per conservar-lo en bon estat, amb l'objectiu que, en un futur, uns altres puguen també gaudir-ne com nosaltres ho fem en l'actualitat

Per tot això, l'Ajuntament de Burjassot es mostra especialment orgullós i il·lusionat de poder formar part d'aquesta iniciativa, amb l'esperança que reba una bona acollida entre aquells que desitgen saber un poc més sobre el nostre patrimoni natural i cultural.

[Dalt i detall a l'esquerra] Monument de les Sitges de Burjassot, emblema i símbol de la nostra ciutat.

El Castell va ser en els seus orígens un vertader castell medieval, enclavat en el primitiu nucli urbà del municipi i utilitzat com a torre defensiva enfront del possible atac de l'enemic.

Façana de l'església de Sant Miquel Arcàngel. Inaugurada el 1780, és la parròquia més antiga del municipi.

Burjassot; llocs d'interés

A PESAR D'HAVER-HI ALGUNES REferències que situen el naixement de Burjassot en l'època dels àrabs, la veritat és que la primera dada històrica contrastada que tenim parla de Burjassot com una alqueria mora que, després de la conquesta de València, Jaume I va donar, segons consta en les cròniques del *Llibre del Repartiment*, a un terratinent anomenat García Pérez de Figuerola l'any 1237.

Des dels seus primers temps, Burjassot ha gaudit d'una situació geogràfica estratègica, a causa de la seua proximitat tant a la mar Mediterrània com a la ciutat de València. Com a conseqüència d'aquesta situació privilegiada dins del territori valencià, Burjassot va rebre un important fluix migratori amb una intensitat especial entre les dècades dels cinquanta i els setanta, la principal font d'atracció del qual eren les possibilitats de promoció laboral que oferia el municipi i tota l'àrea metropolitana. Així, i al llarg dels anys, la vila de Burjassot no ha deixat de créixer, fins a esdevenir un municipi de referència en l'àmbit social i cultural. L'auge del sector serveis i l'acollida en el seu territori de dos ens tan rellevants com el Campus Universitari o el Centre de Producció de la Televisió Valenciana (Canal 9) han contribuït a situar Burjassot en un lloc de privilegi.

El ric patrimoni històric de Burjassot conté tres espais que necessàriament han de destacar-se. El primer d'aquests espais, les Sitges, es troba situat en ple centre del municipi, al costat de l'actual Ajuntament, i amb el pas del temps s'ha convertit en un dels principals símbols de Burjassot. Construïdes a partir del 1573, les Sitges van ser encarregades i pensades per les autoritats valencianes a fi de servir de depòsits de blat. En aquell moment, la capital patia greus problemes de proveïment de blat i les característiques topogràfiques que reunia el lloc on es troben emplaçades garantien la sequedat i la preservació de l'aliment. Així, les Sitges són un conjunt de 43 depòsits subterranis amb una capacitat de 47.327 hectolitres, que durant segles van fer d'assortidors de blat per a proveir tots els municipis del voltant, inclosa la mateixa ciutat de València. La gran esplanada que cobreix aquests depòsits, coneguda per tots com el Pati de les Sitges, ha sigut sempre un lloc de trobada i de recreació per als veïns de Burjassot, i també un espai obert que ha acollit, i ho continua fent, la celebració de nombroses festes patronals, concerts, concentracions, etc. Des de l'any 1982, les Sitges estan declarades Monument Històric Artístic de caràcter nacional.

Parc públic de La Granja, la zona verda més arrelada i visitada pels veïns de Burjassot.

Un altre dels monuments més emblemàtics de Burjassot és el Castell, situat a l'entrada del municipi, arribant des de València. Encara que actualment es tracta d'un col·legi major per a estudiants universitaris, a l'origen va ser un vertader castell medieval, enclavat en el primitiu nucli urbà i utilitzat com a torre defensiva enfront del possible atac de l'enemic. Al llarg dels anys, el Castell ha tingut diversos propietaris. Un d'aquests fou sant Joan de Ribera, arquebisbe i virrei de València, que el va utilitzar com a vil·la de descans. No obstant això, mereix un reconeixement especial la segona propietària, Carolina Álvarez, que el 1912 va tenir la idea de convertir el Castell en una fundació amb fins benèfics.

L'església arxiprestal de Sant Miquel Arcàngel completa el conjunt de monuments que, amb les Sitges i el Castell, formen part de la simbologia històrica i artística més emblemàtica de Burjassot. Inaugurada el 1780, és la parròquia més antiga del municipi. Els visitants hi poden observar la grandiositat de l'estil barroc i nombroses obres pictòriques i escultòriques que atapeeixen les cúpules i les distintes capelles. Recentment, la façana ha sigut restaurada. A més de la riquesa del seu patrimoni històric, Burjassot es distingeix també per posseir àmplies extensions d'espais naturals, de zones verdes, en la preservació de les quals l'Ajuntament del municipi posa un interés especial.

Parc públic de l'Eixereta, paratge natural que acull una gran quantitat d'espècies botàniques autòctones.

El Castell, a què abans féiem referència, està rodejat d'un immens jardí de 62.000 m², conegut popularment com la Devesa del Castell. Condicionat per sant Joan de Ribera al començament del segle XVII, en l'actualitat, aquest paratge conserva exemplars botànics de molt d'interés i és destinació elegida de nombroses excursions fetes pels centres docents del municipi, en què els escolars aprenen a diferenciar les distintes varietats de plantes i arbres que conté aquest recinte natural.

Un altre dels paratges naturals de què poden gaudir els veïns de Burjassot, potser més que del primer, és la Pinada de Carsí, més coneguda com l'Eixereta. Aquest parc està delimitat per la séquia de Moncada i per la línia de ferrocarril de València-Bétera, i a diari rep la visita de multitud de burjassoters, grans i menuts, que trien aquest espai per a reunir-se amb els amics, per a passejar, per a gaudir d'una estona de festa o per a jugar amb els més xicotets de la casa. Amb una superfície de 33.000 m², el paratge també acull moltes espècies botàniques, pròpies de la flora mediterrània, i una pinada impressionant que dóna nom al parc.

No obstant això, la zona verda més arrelada i visitada pels veïns de Burjassot és, des de fa ja molts anys, el conegut parc de la Granja, antiga estació tarongera i fitopatològica que fa aproximadament 80.000 m². Aquest parc públic inclou una enorme superfície de jardins, en què veïns de totes les edats gaudeixen d'un espai verd en ple cor del municipi. Els joves l'aprofiten per a fer exercici, per a fer fúting o per a patinar en les pistes habilitades amb aquesta finalitat. De la seua banda, les persones més grans hi acudeixen cada dia a passejar o a asseure's per xarrar una estona i gaudir així de l'ambient agradable i tranquil que s'hi respira. A més, el parc de la Granja inclou, dins del seu recinte, la Casa de Cultura del municipi, en què té la seu l'Institut Municipal de Cultura i Joventut.

A aquests tres espais naturals, cal afegir-ne dos més, el parc de Sant Ignasi de Loiola i el parc de Pi i Margall, que l'últim any l'Ajuntament de Burjassot ha preparat i obert al públic, a fi que la majoria dels barris del municipi disposen d'un espai verd tan prop com es puga.

Modernitat, Història i Naturalesa. Tres valors que es conjuguen, que al llarg del temps s'han conjugat a la perfecció en el municipi de Burjassot.

ESPAIS naturals del litoral valencià

Textos

José Manuel Almerich

Jorge Cruz Orozco

Paco Tortosa

Fotografies

Paco Tortosa

MONOGRAFIES

bromera

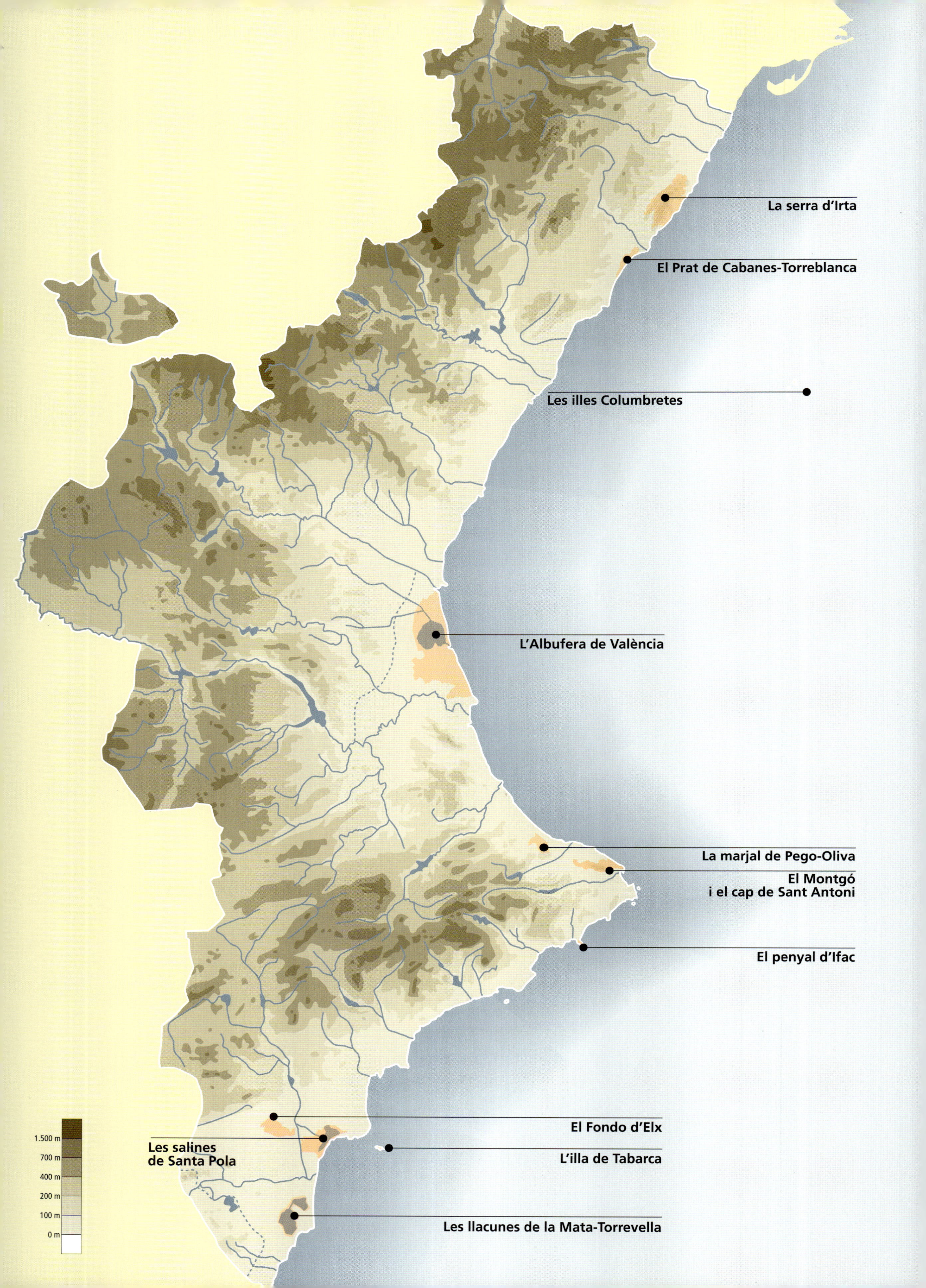
La serra d'Irta
El Prat de Cabanes-Torreblanca
Les illes Columbretes
L'Albufera de València
La marjal de Pego-Oliva
El Montgó
i el cap de Sant Antoni
El penyal d'Ifac
El Fondo d'Elx
Les salines
de Santa Pola
L'illa de Tabarca
Les llacunes de la Mata-Torrevella
1.500 m
700 m
400 m
200 m
100 m
0 m

Índex

Introducció

La introducció del primer volum d'*Espais naturals* presentava les muntanyes com un element clau del món mediterrani. Un altre element central d'aquest bioma singular és, naturalment, la mateixa mar Mediterrània, una mar menuda, tancada i envoltada de muntanyes, capaç de ser un dels protagonistes principals del clima –i aquest, no ho oblidem, és el principal tret unificador de l'àmbit mediterrani– ja que actua com a condensador tèrmic que suavitza les temperatures litorals, però que també intervé en les pluges torrencials característiques. A la part occidental es distingeix la conca balear, formada, al seu torn, per tres subconques; una és la mar catalanobalear delimitada per la península Ibèrica i l'arxipèlag balear. Al tram costaner valencià destaca la corba suau del golf de València, delimitat pel delta de l'Ebre i el cap de Sant Antoni.

La mar s'uneix a les nostres terres en una llarga costa d'uns 475 km de longitud, més variada del que es podria pensar. Un terç és una costa erosiva, és a dir, allà on les muntanyes s'acosten a la mar i creen penya-segats: uns baixos i mitjans, com per exemple al tram Vinaròs-Benicarló, entre Orpesa i Benicàssim; uns altres, alts com a la serra d'Irta i, sobretot, al tram de la Marina, on el Sistema Prebètic extern es cabussa en la Mediterrània i deixa promontoris marins colossals com el Montgó o el penyal d'Ifac. Els altres dos terços són costes d'acumulació, constituïdes per materials quaternaris aportats pels rius. Són molt freqüents les restingues que tanquen el rosari d'albuferes i marjals existents al llarg de la costa, encara que moltes estan pràcticament reblides per processos naturals i per l'acció de l'home. Les restingues estan formades per llargues

Torre de vigilància des del castell de Peníscola, al límit nord-est de la serra d'Irta.

platges d'arena o, en menys quantitat, de còdols i grava, i, després d'aquestes, era freqüent trobar cordons de dunes, hui pràcticament desaparegudes.

Les zones humides, tan característiques del litoral, no han gaudit històricament de molt bona reputació. La coneguda amb el nom de Llei Cambó, per exemple, promulgada el 1918, tenia com a objectiu principal la dessecació de llacunes, marenys i terrenys pantanosos. Alguns dels aiguamolls que hui subsisteixen han sigut objecte de protecció a partir de la Llei 11/1994 d'Espais Naturals Protegits, però les amenaces de transformació disten molt d'estar vertaderament conjurades. A la societat i a l'Administració valencianes encara els queda molt de camí per recórrer.

La costa és l'única frontera natural del nostre país, una membrana a través de la qual han arribat poderoses influències culturals, perquè no debades la mar Mediterrània ha sigut una via de trànsit freqüentades des de l'antiguitat més remota. Però l'ocupació humana no ha sigut fàcil. Ofereix pocs avantat-

[Frontispici de portada i pàg. anterior] Dues imatges de l'illa de Tabarca: les muralles i l'església, per una banda, i les aigües transparents, amb l'alguer que desprén la mar en primer terme. Tabarca presumeix de ser l'única illa habitada del litoral valencià.

La marjal de Pego-Oliva, retallada per la serra de Segària i, al fons, el Montgó.

ges mariners, ja que a penes hi ha refugis naturals en la seua costa abrupta i encara menys en les parts baixes: tal vegada Peníscola, Dénia i algunes cales menudes. Calgué construir, per tant, ports que, en l'origen, van ser simples molls per a facilitar les tasques de càrrega i descàrrega, i que històricament han sigut denominats graus. A pesar de tot, i com demostra la xarxa de torres de guaita que jalona la costa, testimoni mut dels esforços per a defendre's, les lleugeres embarcacions pirates van poder, abans, desembarcar i assolar les localitats costaneres.

Els amplis aiguamolls plantegen dificultats d'ocupació per la insalubritat i la inundabilitat, però ofereixen bons sòls, possibilitats de reg i una productivitat agrícola alta. La canya de sucre, l'arròs, les plantes barrelleres, cítrics i hortalisses han sigut els protagonistes de diversos cicles d'agricultura comercial que han tingut en els espais litorals i en els aiguamolls els escenaris principals.

A la transformació agrícola s'ha unit la tendència secular a la concentració demogràfica en els nuclis litorals. Els processos d'urbanització i d'industrialització van comportar l'ocupació i la construcció d'infraestructures en el litoral. Durant la segona meitat del segle XX, la indústria turística ha aprofitat les excel·lents condicions naturals de les costes mediterrànies i s'ha erigit en un déu Moloch a l'altar del qual s'han sacrificat massa valors ambientals, paisatgístics i culturals. Les condicions polítiques i socials del franquisme van permetre i van encoratjar l'especulació, la privatització de sectors del litoral i l'absència de planificació territorial i de consciència ambiental. Però l'urbanisme de l'etapa democràtica no ha tingut millor sort: ha canviat la lògica política, però no l'econòmica.

El resultat final ha sigut una transformació del litoral ràpida i brutal, encara en procés. Alguns diran que ha generat una gran riquesa, però preguntem-nos pel repartiment d'aquestes rendes o per la nul·la assumpció dels costos ambientals; reflexionem sobre el que diu l'article 33 de la Constitució espanyola pel que fa a la funció social de la propietat o el 45 sobre la conservació del medi ambient i la utilització racional dels recursos naturals. En el balanç del turisme, cal anotar també l'insult que suposen les torres del Saler; les urbanitzacions que s'enfilen depredadores per les serres de Toix, de Bèrnia o pel puig de Na Llorença; aquests

L'Albufera, el paratge natural valencià més conegut, mostra la seua imatge més espectacular quan els camps d'arròs són inundats en el cor de l'hivern.

conjunts urbans lineals sorgits a les platges i que no s'han de confondre amb ciutats, ja que aquestes generen cultura i dinamisme social; la sobreexplotació d'aqüífers; la modificació de la dinàmica costanera natural amb ports esportius i espigons; els aiguamolls dessecats per alçar edificis o camps de golf.

La indústria turística és, hui en dia, un dels puntals de l'economia valenciana. La seua influència va més enllà de la mera franja costanera, i permet definir un litoral funcional en què la dinàmica de les activitats i dels usos del sòl deriva de la proximitat a la mar i s'orienta al seu aprofitament com a recurs. No obstant això, la societat valenciana no ha d'oblidar que hem bastit el turisme amb un préstec generós de la natura: un clima apropiat d'estiu sec i calorós i una llarga costa amb predomini de platges. Tenim l'obligació de no balafiar aquests recursos i llegar-los als nostres hereus, ja que les costes valencianes atresoren valors ecològics i paisatgístics d'enorme importància. A més, la costa és nostra, de tots. La Constitució i la Llei de Costes del 1988 consagren el caràcter de domini públic maritimoterrestre per a la mar territorial –la línia de costa, per tant– amb servituds de protecció, trànsit i accés; així com una zona d'influència de cinc-cents metres cap a terra ferma.

En aquest segon volum d'*Espais naturals* es presenten onze paratges representatius del litoral valencià: tres serres i promontoris costaners –la serra d'Irta, el Montgó i el penyal d'Ifac–; les illes valencianes més significatives –les Columbretes i Tabarca–; i, per descomptat, els aiguamolls més rellevants –el Prat de Cabanes-Torreblanca, l'Albufera de València, la marjal de Pego-Oliva, les salines de Santa Pola, el Fondo d'Elx i les llacunes de la Mata i Torrevella. El text, les fotografies i la informació pràctica de la fitxa pretenen que el lector conega i que, sobretot, senta els espais naturals del nostre litoral. Proporcionar-li algunes de les pistes –no totes– per a buscar un racó on poder dir amb Vicent Andrés Estellés:

Sols reste jo, i contemple la platja
i veig la mar, ritual i solemne,
humitejant, en joc altern, la sorra
retrocedint.

I.

La serra d'Irta

1 INTRODUCCIÓ
La nostra última muntanya litoral

POCS LLOCS QUEDEN EN TOT EL LITORAL mediterrani com la serra d'Irta. Lliure d'edificacions i poc alterada per l'home en les quatre últimes dècades, la serra d'Irta és un dels últims trams de litoral entre França i Andalusia que conserva encara en bon estat el paisatge cultural i natural de la Mediterrània peninsular.

Amb a penes dèsset quilòmetres de costa i penya-segats, el paisatge d'Irta manté intacta la bellesa serena i la soledat de les platges, espadats i cales verges. En la resta del litoral, blocs de formigó i urbanitzacions desmesurades han fet desaparéixer els recursos que van moure en el seu dia un turisme que buscava, a més de sol i platja, una certa qualitat paisatgística i mediambiental. La serra d'Irta s'ha vist, miraculosament, lliure d'aquesta destrucció per una sèrie de circumstàncies que l'han duta a ser declarada Parc Natural per la Generalitat Valenciana l'any 2002.

Orientada de nord-est a sud-oest, la serra constitueix una alineació paral·lela a la costa, amb una altura màxima constituïda pels 572 m del pic Campanilles. Està formada bàsicament per calcàries i dolomies juràssiques el grau de carstificació superficial de les quals és notable. La singularitat geològica d'aquesta serra litoral rau, sobretot, en el fet que es tracta d'un dels dos únics trams de costa abrupta existent en l'oval de València, al costat del de la serra d'Orpesa. Els penya-segats mitjans presenten molt d'interés tant per la varietat i la complexitat de les formes i els dipòsits, com per l'accessibilitat. Les platges d'arena i grava, així com les cales solitàries, conserven també una sèrie de cordons de dunes molt importants, tant per la diversitat botànica adaptada a aquestes circumstàncies com per la seua morfologia a penes alterada.

Prop de la Torre Badum, a la franja litoral, el paisatge d'Irta manté intacta la bellesa i la soledat; s'hi alternen cales menudes, franges rocoses i cordons dunars.

Resulten també interessants els llocs en què afloren les aigües subterrànies, tant marines com litorals, aquestes últimes fàcils d'observar en les proximitats d'Alcossebre (les Fonts), a la Torre Badum o al Pla del Pebret.

La cadena muntanyosa que configura la serra d'Irta, encara que sembla compacta, es divideix en dues alineacions separades entre si per la vall d'Estopet, solcada per la rambla de l'Ametler i oberta cap al sud. La serra pertany als últims contraforts meridionals de la serralada Litoral Mediterrània i es va modelar al començament del terciari, a causa d'una sèrie de plegaments i fractures sobre les primitives formacions geològiques. Per aquest motiu, les calcàries estan intensament fallades i inclinades, i originen en el contacte amb la mar un relleu molt accidentat. En podem observar un exemple en els imponents penya-segats de les proximitats de la Torre Badum, que arriben als 40 metres sobre el nivell de la mar.

[Pàg. anterior] Peníscola és una de les joies valencianes. La seua arquitectura respon a les idees renaixentistes d'Antonelli, que la va emmurallar totalment per ordre de Felip II. Fou seu pontifícia durant el Cisma d'Occident i hi va residir el papa Benet XIII, més conegut com el papa Luna.

La primera línia de platja és un medi difícil per a la vegetació: sòls pobres, salinitat elevada i brisa constant carregada de partícules d'arena menudes. Les fulles del lliri de mar, de la lleterasa de platja i de la resta de vegetació dunar mitiguen aquesta acció transportadora.

La disposició mateixa de la serra ha determinat la formació de nombrosos barrancs que corren perpendiculars a la costa, descendint de manera brusca i ràpida, ja que la distància de l'eix central a la mar és a penes de quatre quilòmetres. Tan sols el d'Irta i el barranc de la Torre Nova o de Don Pedro tenen un recorregut més llarg, encara que sense superar en cap cas els sis quilòmetres de longitud. Uns altres barrancs que desemboquen al llarg de la costa són els de Pitxelles, Sant Antoni, Volant, la Torre Nova, la Rabosa, la Parra o el barranc de la Font d'En Canes. Tots conserven una varietat de flora i fauna important.

Dins de l'àmbit del Pla d'Ordenació dels Recursos Naturals (PORN) es troben dues àrees declarades microreserva de flora, la protecció de les quals va ser sol·licitada i aprovada abans de la declaració de Parc Natural: els voltants de la Torre Badum i la cala Argilaga. D'altra banda, també són dignes d'esment les fonts i els pous antics, sobretot perquè en els seus entorns més immediats s'han configurat paratges de gran interés, encara que un poc més allunyats de la costa: el pou del Moro, la font d'En Canes o la font de la Parra en són un bon exemple. Al costat del mas i la font del Senyor s'estén una densa i espessa omeda que converteix aquest lloc en un vertader oasi durant l'època estival.

Les precipitacions a penes hi arriben als 500 l/m^2 anuals, encara que amb fortes diferències estacionals. Els aqüífers són, no obstant això, prou significatius, i es calculen uns recursos de 64 hm^3. Els ullals d'Alcossebre (les Fonts), en què l'aigua dolça aflora en la platja mateixa, arriben als 150 l/s i els de la Torre Badum, als 250 l/s. El Prat de Peníscola, amb 1.500 l/s, és el més abundant.

Igual que en el pròxim Parc Natural del Prat de Cabanes, del qual el separen a penes dotze quilòmetres, però sense cap tipus de corredor natural, la temperatura mitjana anual en la serra d'Irta oscil·la al voltant dels 18 °C, encara que amb alguns graus menys en les parts altes de la serra, com correspon a un clima mediterrani, mesotèrmic i semiàrid. L'orientació de la mateixa cadena muntanyosa és la causa que també les diferències tèrmiques i d'humitat siguen significatives segons que estiguen orientades a llevant o ponent, tramuntana o llebeig.

2 El paisatge natural

Cales, barrancs i penya-segats

La serra d'Irta presenta un valor paisatgístic i ambiental elevat, tant per les formacions naturals com pels valors culturals. Les singularitats geomorfològiques de la serra mereixen una atenció especial, sobretot la franja litoral, que als peus mateix del relleu presenta una successió de cons de dejecció en què es desenvolupen els penya-segats mitjans i baixos, així com altres formes costaneres (zones rases, cales i platges de còdols, graves i arenes), que serveixen de substrat per a una infinitat de plantes que creixen fins i tot a les parets verticals dels penya-segats de la Torre Badum. La franja costanera està colonitzada per comunitats de fenoll marí, ensopegalls o trenca l'olla, rave de mar i cascall marí, entre altres espècies. Les platges del Russo i del Pebret conserven formacions excel·lents de dunes a què s'aferren espècies adaptades a aquestes condicions difícils. Les dues microreserves de flora tracten de protegir les plantes més vulnerables, com el *Limonium Cavanillesii,* endemisme exclusiu de la serra d'Irta, sobretot després d'haver desaparegut de la localitat de Benicarló a causa de les urbanitzacions construïdes en la dècada dels huitanta. Altres endemismes, ja no tan exclusius, com les agulloles, els conillets, la bracera de Sagunt i el lletsó marí presenten un bon estat en les proximitats de Torre Nova o la cala Argilaga.

Al llarg de l'extensa franja situada al costat del Pla de la Basseta i el Pla del Pebret, sense cap construcció que altere la grandiositat d'aquest paisatge tan purament i autènticament mediterrani, es desenvolupen grups de pi blanc que, assotats i inclinats pel vent, arriben fins a la vora mateix de la mar. Els margallons i els ullastres aconsegueixen una grandària espectacular poc habitual en la resta de les muntanyes valencianes i, juntament amb les mates de llentiscle, arriben a formar densos cordons litorals al llarg de la costa seguint els marges del camí litoral mateix. Exemplars de garroferes, oliveres i ametlers creixen dispersos en les vessants de la serra, ocupant l'espai destinat antany a bancals cultivats i cuidats per l'home. Els barrancs de l'interior conserven també multitud d'espècies més exigents quant a humitat, com ara el marfull o llorer bord i els espantallops, formant comunitats arbustives denses i ombrívoles. Destaquen les comunitats d'*Eucladio*

Les roques calcàries, intensament fallades i inclinades, originen en contacte amb la mar un relleu molt accidentat. Els penya-segats de Torre Badum arriben als 40 m d'alçària, per la qual cosa són els més importants de tot el litoral castellonenc.

verticillati i cabell de Venus a la rodalia de la font d'En Canes i del pou del Moro. D'un interés especial per la seua espessor i l'alt valor ecològic és la xopera, alternada amb oms, del mas del Senyor, en les proximitats del qual es troba una olivera mil·lenària catalogada com a arbre monumental.

La vegetació de la resta de la serra no difereix molt del paisatge valencià d'interior a què estem acostumats, pràcticament tot assolat per la forta pressió ramadera primer i pels grans incendis després: extenses taques de matolls compostos per coscollars, romerars i algun carrascar en recuperació, a més dels penyals i pedregars que, juntament amb la vegetació rupícola dels penya-segats, formen l'espai on viuen i nien espècies com ara l'astor, l'esparver, l'aligot comú, el gamarús, el xot i l'àguila serpera. Rapinyaires com l'àguila de panxa blanca, el falcó pelegrí, el

[Pàg. anterior] La Torre Badum o de l'Almadum va ser construïda el segle XVI per a la vigilància de la costa davant de l'amenaça dels pirates turcs i barbarescos. En bon estat de conservació i ubicada en la part més elevada del penya-segat, la torre domina quasi tota la costa d'Irta.

xoriguer i el duc també estan presents a Irta, aprofitant els buits de les parets calcàries dels barrancs o les vessants més abruptes. A la vora del mar i als penya-segats s'observen diverses espècies de gavines, algunes d'elevat interés per la seua escassetat, com la gavina corsa. Altres espècies presents són el coliblanc gran, l'escateret o ocell de tempesta, el xatrac i fins i tot el corb marí emplomallat. Els mamífers carnívors com la fagina, la rabosa o el gat salvatge en menor mesura també hi són presents, a pesar de l'aniquilació cruel de què són objecte per part dels caçadors, ja que és freqüent la utilització de carn enverinada que té conseqüències dramàtiques i imprevisibles quan entra en la cadena alimentària. El conill i el porc senglar són més abundants, igual que altres espècies d'«interés cinegètic», exemplars de repoblacions que han sobreviscut, com és el cas de la perdiu o, en menor grau, la guatla.

Al començament de la primavera, a la serra d'Irta desperten moltes espècies de diverses formes i colors (d'esquerra a dreta i de dalt a baix): plantes d'aspecte de liana, com el lligabosc mediterrani; d'aspecte pubescent, com la botja i el trèvol, o floracions originals d'espècies característiques del matollar mediterrani, com la del teucri o la ruda.

És interessant mencionar també la presència a les valls interiors de la serra d'Irta d'altres ocells com l'oriol, el fumat, el tudó i la tórtora. En el medi marí, la protecció del qual va implícita amb la declaració de Parc Natural, destaca també la presència de comunitats com l'anomenada alga de vidriers

En aquestes costes baixes, fallades i lleugerament inclinades, hi ha molt sovint brolladors d'aigua que afloren al mar en la mateixa costa (especialment entre la platja del Pebret i els penya-segats de Torre Badum).

El corb marí emplomallat és, en les nostres latituds, un ocell litoral, sedentari. Se'n poden observar a les zones o als illots rocosos de la costa castellonenca poc o gens humanitzats, com és el cas de la serra d'Irta.

(encara que en realitat no és una alga) i tota la varietat d'espècies piscícoles associades i vinculades al seu ecosistema.

Entre els invertebrats, cal destacar també l'existència a Irta d'endemismes propis de la costa mediterrània, com els gasteròpodes dels gèneres *Chondrina* i *Trochoidea,* amb espècies molt adaptades a llocs secs. D'aquest gènere *Trochoidea* destaca l'espècie *Trochoidea elegans*, freqüent a la Mediterrània occidental, però molt escàs a Castelló. La presència de cursos d'aigua intermitents, les basses o aljubs i els entollaments de caràcter temporal permeten el desenvolupament de certs amfibis com el gripau d'esperons, el gripau comú i el gripau corredor, a més de la granota comuna. L'ofegabous hi és més escàs, ja que necessita biòtops amb aigua estable. No oblidem, finalment, destacar la presència d'un nimfàlid d'una rellevància especial, un endemisme també existent al Desert de les Palmes i a la serra Calderona i que es nodreix exclusivament d'arboços.

3 El paisatge cultural

Entre castells templers, ermites i torres de defensa

El patrimoni cultural de la serra d'Irta té, com en gran part de les nostres serres litorals, una dimensió considerable, que fa possible que qualsevol excursió per aquesta serra esdevinga un passeig per la història, des dels inicis fins a les turbulentes etapes en què la religió i la defensa de les costes tingueren un paper fonamental.

El nom d'Irta té l'origen en un poblat musulmà abandonat entre els segles XIII i XIV la ubicació del qual no es coneix amb exactitud. Van ser els àrabs precisament els primers a cultivar les vessants de la serra en forma de bancals. En van aprofitar les fonts, aleshores ja escasses, per a crear horts menuts i hi van implantar un sistema de sénies que mitjançant perforacions verticals i pous permetien traure a l'exterior l'aigua del subsòl. Encara és possible observar-hi alguns d'aquests pous i utilitzar-los hui en dia. Però la serra va ser habitada amb anterioritat des del paleolític, i només en la part del terme municipal d'Alcalà de Xivert integrada en el Parc Natural es troben més de trenta jaciments arqueològics de totes les èpoques i cultures que han passat per aquest espai privilegiat. Generació rere generació d'agricultors van individualitzar i van dividir la propietat rural, i els musulmans hi van implantar l'empelt i les podes al mateix temps que van introduir cultius nous. Amb la pedra seca van alçar murs que contenien la terra fins a convertir la serra en magnes obres d'enginyeria rural, una mena d'amfiteatres escalonats, aplanats i treballats amb un esforç immens, d'extensió variable i adaptats a la complicada i vertical orografia del terreny. Els fruits d'aquest enorme sacrifici, que s'ha d'entendre des d'un punt de vista històric i de dependència total de la terra, han quedat ací com a testimoni d'un paisatge humà i d'un món rural hui desapareguts.

De caràcter religiós es conserven a Irta, delimitant la serra de nord a sud, les precioses ermites de Sant Antoni a Peníscola i de Sant Benet i Santa Llúcia a Alcalà de Xivert. Emblanquinades, humils, de fortes reminiscències gregues, ambdues es van construir en llocs privilegiats. El castell de Santa Magdalena de Polpís i el castell de Xivert es troben en posicions estratègiques, amb la funció de controlar el pas entre Irta i les muntanyes interiors, corredor utilitzat des de temps històrics com a millor via de comunicació de Catalunya amb el Regne de València. El castell de Xivert, d'origen musulmà, ha sofrit nombroses reformes, entre altres la construcció, dins del recinte, d'una fortalesa templera, que va ser cedida, després de la dissolució de l'orde, als cavallers de Montesa, i en la qual es poden observar *in situ* les diferents tècniques constructives d'ambdós estils. De fet, encara pot contemplar-se en les muralles una inscripció en àrab que reprodueix un fragment de l'Alcorà. Durant la guerra de les Germanies el castell de Xivert va ser incendiat i posteriorment abandonat. Hui està en procés una completa restauració que n'afecta principalment les torres de vigilància i els llenços de muralla que encara es conserven. El castell de Polpís, també d'origen islàmic, posteriorment templer i donat a l'orde de Montesa, té un únic recinte amb planta irregular. La torre de

Refugi de pastor en l'encreuament de camins entre el pla del Pebret i el pou del Moro. Reconstruït en pedra seca, ens dóna idea de la perfecció i la senzillesa de les construccions rurals que aprofiten els materials de l'entorn. El sostre està construït amb la tècnica d'aproximació de fileres i forma una falsa cúpula.

[Dalt] El castell de Xivert, d'origen islàmic, va ser conquistat per Jaume I i donat a l'orde del Temple, que va introduir-hi modificacions importants. Després de la dissolució dels templers, aquest va passar a l'orde de Montesa. En l'actualitat està en procés de restauració.

[Dreta] Font del Senyor. Un brollador menut dóna vida a aquest racó de la serra d'Irta. El reduït bosc d'oms i xops forma un vertader oasi de frescor entre terres mancades d'aigua i resseques pel sol, sobretot a l'estiu.

l'homenatge es conserva en un bon estat relatiu i la porta d'accés roman encara íntegra.

De tornada a la vora de la mar, la Torre Badum és potser l'element cultural més representatiu i conegut d'Irta, tot un símbol de la defensa de la costa primer i del paisatge després, perquè des de l'enclavament on va ser alçat es pot contemplar una de les vistes més emotives de la serra. Dirigint els ulls cap al sud tenim als peus un dels últims trams lliures d'edificacions de tota la nostra costa. La Torre Badum es va construir el 1564, segons una inscripció que s'hi conserva en la paret, encara que hi ha indicis que s'hi va aprofitar alguna antiga instal·lació medieval. La finalitat n'era vigilar l'arribada de corsaris per mar davant de l'alarmant creixement de la pirateria turca i barbaresca que va assolar les costes valencianes durant el segle XVI.

Des de la Torre Badum s'observa perfectament a uns cinc quilòmetres al nord-est el tómbol sobre el qual s'alça la ciutat murallada de Peníscola. Tremendament alterada per la construcció abusiva i desmesurada de blocs d'apartaments, no és possible ja veure l'istme d'arena que la unia amb terra ferma. Seu pontifícia del papa Benet XIII durant el gran Cisma d'Occident, destaca en el seu perfil la imponent estructura del castell i les muralles renaixentistes, obra d'Antonelli, fetes construir per Felip II, igual que la Torre Badum. Al peu de les muralles de Peníscola naix un brollador, la font de la Petxina, vinculada a un dels aqüífers d'Irta. Aquest sortidor permetia als pescadors aprovisionar-se del líquid element sense haver de baixar a terra i als habitants del castell, suportar assetjaments ben llargs.

4 La serra d'Irta hui

La serra d'Irta s'ha vist salvaguardada de l'acció destructiva de l'home, a excepció de les terribles i impactants urbanitzacions de Font Nova, Cap Blanc, les Talaies o Alcossebre. El que l'ésser humà ha fet en aquesta serra, des que els primers ramats de cabres i d'ovelles van començar a desboscar-la, fins als últims incendis forestals, és reversible i en pot permetre la recuperació amb el temps necessari. S'hi va arribar fins i tot a projectar una central nuclear i es va pensar d'instal·lar-hi algun dels grans parcs temàtics, però, afortunadament, cap d'aquestes construccions es va dur a terme, encara que ha sigut, i continua sent, punt de mira per als promotors, una vegada esgotat ja el filó de la costa des de Peníscola fins a Benicarló. No hem de permetre que en els nostres últims espais lliures es duguen a terme desastres ecològics com el que en el seu dia va suposar el rebliment de la marjal de Peníscola.

Un fet històric transcendental que ha permés que la serra d'Irta haja seguit sense urbanitzar va ser la constitució, el 1907, de la Comunitat de les Muntanyes d'Irta. Els llauradors i jornalers de Peníscola van pressionar l'Ajuntament perquè no se subhastaren les muntanyes pertanyents a l'Estat a fi que se cediren per a l'aprofitament comunal i evitar així l'emigració. El territori es va declarar indivisible, com consta en l'escriptura firmada el 8 de setembre de 1907 per 195 comuners, més 8 venedors de dues grans finques. Qualsevol decisió passava per ells i es van reservar la potestat d'arrendament total o parcial per a l'aprofitament forestal, així com l'extracció de pedra per als forns de calç, la recol·lecció de margalló, els drets de pastures i fins i tot la caça. Quan el 1959 va començar l'activitat turística en les costes espanyoles, hi hagué un intent de venda dels terrenys amb una finalitat especuladora evident, que va ser aturat després d'un llarg litigi judicial. A punt va estar llavors de perdre's per sempre. Tots els municipis a què pertany han intentat, d'una manera o d'una altra, traure'n partit: plans d'ordenació urbana modificats constantment a fi de requalificar els terrenys litorals, com va ser el cas de Ribamar; projectes de camps de golf, a pesar dels greus problemes d'aigua; complexos hotelers i ports esportius; construccions il·legals de

Corral i bancals a la vall d'Estopet. Després de l'abandó del cultiu i del pasturatge, la vegetació original va recuperant a poc a poc el territori que li correspon. En una primera fase, el coscoll i l'argilaga colonitzen les vessants i protegeixen el creixement dels arbres menuts fins que es desenvolupen completament.

xalets venuts a estrangers a un preu elevat; intents constants d'eixamplar i d'asfaltar la via pecuària Colada del Mar, el bell camí litoral que uneix Peníscola i Alcossebre; pistes forestals absurdes i innecessàries; pressió turística excessiva i descontrolada en èpoques puntuals que acumula fems i destrueix les dunes, i augmenta també el perill d'incendis... Les societats de caçadors converteixen la serra en el seu camp de tir particular, amenaçant sense escrúpols la fauna i perjudicant greument les poblacions d'espècies protegides. D'altra banda, els pescadors esportius abandonen les deixalles entre les roques, i, d'aquesta manera, hams oxidats, fils d'aram, fils de niló, àncores i aparells, a més d'envasos i recipients d'esquers vius no degradables, bosses de plàstic i desenes de llandes i botelles es converteixen en un perill per a persones i animals. Aquest tipus de brutícia provocada directament pels pescadors de canya, vergonyosa i indignant, és la que més crida l'atenció en els passejos per Irta. Tan sols un mínim de sensibilitat, emportant-se el fem igual que l'hi han dut, milloraria substancialment l'aspecte estètic de la costa. Recordem que anualment moren centenars de tortugues marines ofegades per ingerir bosses de plàstic que confonen amb meduses, el seu aliment principal.

La situació actual de la serra d'Irta està a cavall entre múltiples amenaces i la necessitat urgent de conservació reconeguda pel Consell de la Generalitat Valenciana i pel Consell d'Europa. La voluntat política i la sensibilització ciutadana són imprescindibles perquè puguem continuar gaudint, generació rere generació, d'aquest enclavament privilegiat per la història i per la natura. En un inoblidable recorregut a peu o amb bicicleta per la vora de la mar, sense res que ens recorde la proximitat de nuclis habitats, les platges obertes i cales ombrives i els alts escarpaments i els pins assotats pel vent faran sentir-nos éssers privilegiats, immersos en un paisatge captivador, ancestral, autènticament mediterrani.

L'ermita de Sant Antoni, construïda el segle XV i ampliada el 1675, presenta una façana pròpia del barroc valencià. Per l'ermita passa l'antic camí a Santa Magdalena de Polpís i tots els anys se celebra per Sant Antoni una romeria documentada des de fa més de 150 anys. El papa Luna, Benet XIII, va atorgar privilegis a tot aquell que contribuïra econòmicament a mantenir-la.

Nom: Serra d'Irta.

Superfície: 19.402 ha.

Comarca: el Baix Maestrat.

Municipis: Alcalà de Xivert, Santa Magdalena de Polpís i Peníscola.

Situació legal: Iniciat el procediment d'aprovació del PORN (Pla d'Ordenació dels Recursos Naturals) el 6 de febrer de 1998. Una vegada aprovat, ha sigut declarada Parc Natural (2002) per la Generalitat Valenciana.

Clima: Típicament mediterrani, litoral mesotèrmic i semiàrid, molt condicionat per la proximitat immediata de la mar i la disposició paral·lela a la costa. Oscil·lació tèrmica reduïda. Temperatures mitjanes a l'estiu de 24ºC i a l'hivern de 9,6ºC. Precipitació mitjana de 500 l/m² amb gran irregularitat interanual.

Litologia: Constituïda bàsicament per calcàries i dolomies juràssiques amb un grau elevat de carstificació. Costa escarpada més important del litoral valencià i castellonenc. Alternança de cons de dejecció amb penya-segats mitjans i baixos i platges d'arena, còdols i graves.

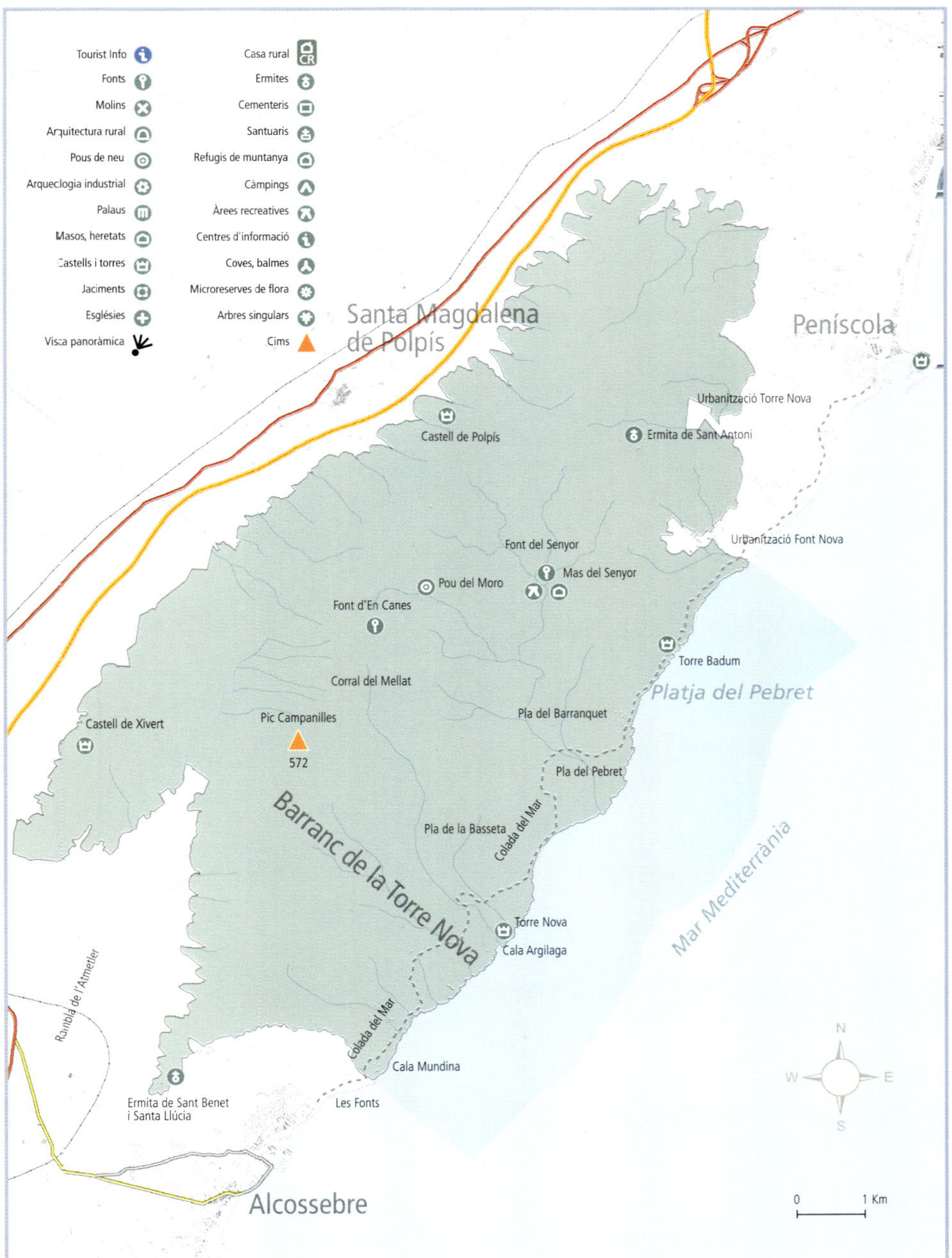

Itineraris: Sendes de recorregut curt marcades per l'escola taller de Peníscola: Peníscola-Font Nova-mas del Senyor-pou del Moro-font d'En Canes-corral de Denteta-barranc de Don Pedro-Torre Nova-Pla de la Basseta-platja del Pebret-Torre Badum-Peníscola.

Sendes des d'Alcossebre: Urbanització Montemar-ermita de Santa Llúcia-El Pinar-Torre Ebrí-pic Campanetes-font de la Parra-Cubanita-Zuriola-cala Mundina-far-Montemar-platja de les Fonts-Montemar-ermita de Santa Llúcia-El Pinar-platja de les Fonts.

Sendes des d'Alcalà de Xivert: Alcalà de Xivert-ermita del Calvari-castell de Xivert-Ametler-barranc de la Carresa-Pla de Lagar-Alcalà de Xivert.

Referències cartogràfiques: Mapes de l'IGN a escala 1:25.000, números 571-III, 571-IV, 594-I i 594-II.

Referències bibliogràfiques:

Almerich Iborra, José Manuel (2000): *Sierras litorales. Rutas en bicicleta de montaña por el patrimonio cultural y natural de la Comunidad Valenciana*. Centre Excursionista de València. València.

Gómez, M. A., Mayoral, O. i Domingo, J. (2001): *Guía de la naturaleza de la costa de Castellón*. Editorial Antinea. Vinaròs.

González, F. (2002): *Senderos de Irta*. Patronat Municipal de Turisme de Peníscola. Peníscola.

[Dalt] Indicis dels antics cultius a la serra d'Irta.

II.

Les illes Columbretes

1 Introducció

Vulcanisme en el litoral valencià

La primera vegada que s'arriba a les penyes volcàniques de les Columbretes no se sap tan sols si es podrà desembarcar a l'Illa Grossa o Columbret Gran. Per allí s'endevina un lloc per a fondejar, conegut amb el nom de Port Tofinyo, però quan la mar s'embraveix un poc, especialment si hi ha temporal de llevant, es fa quasi impossible posar peu a l'illa. Quedarà gravada en la nostra retina la impressió que produeix trobar en la geografia valenciana uns illots litorals formats per materials volcànics que confereixen a l'entorn un aire irreal, espectacular i sorprenent. L'impacte visual i psicològic que transmet en primer lloc el llom de l'Illa Grossa, que es voreja quan s'arriba amb vaixell des d'Alcossebre, no s'oblidarà fàcilment: crits aguts de centenars de gavines, penya-segats verticals inaccessibles, els colors foscos dels materials volcànics, unes aigües insultantment transparents i la sensació de trobar-nos davant d'un món molt particular, d'una bellesa inexplicable. El viatger es queda gratament sorprés quan el vaixell gira i s'obri la corba que configura l'Illa Grossa en forma de mitja lluna. La imatge paisatgística resulta més atractiva encara per inesperada, especialment quan hi apareix davant, tancant l'angle de l'illa, el conjunt dels tres illots que l'acompanyen: Montcolibre, la Sinyoreta i l'illa del Mascarat, nom degut al seu color d'un negre intens, encara que indubtablement no mascara.

Atesa la composició volcànica i la seua insularitat, la geomorfologia de les Columbretes resulta la més cridanera de tot el conjunt de les terres valencianes. Els seus materials corresponen al període plioquaternari, amb una edat aproximada de tres milions d'anys, encara que hi ha discrepàncies pel que fa a l'edat dels diferents illots, ja que cada un en té una distinta. L'erupció de materials (cendres i escòries) ha donat com a resultat figures estructurals cridaneres i

Dues imatges de la suggeridora finestra de l'illa Foradada. La coloració suaument rogenca es deu a la presència de ferro i de titani en els seus materials d'origen volcànic. Com en la resta d'illes menors, està rigorosament prohibit desembarcar en aquesta illa escassament fèrtil.

[Pàg. anterior] El banyó de materials volcànics de l'illa del Mascarat, amb els seus 35,79 metres, tanca, al costat de les illes de Montcolibre i la Sinyoreta, la badia de Port Tofinyo pel sud-est.

[Dalt] La cridanera i estratificada lloma de Punta Bonica a l'Illa Grossa o Columbret Gran, rematada pel far que s'alça fins als 84,65 metres sobre les aigües de la mar, és la primera imatge que s'ofereix als visitants que arriben amb vaixell des d'Alcossebre.

[Baix] Els penya-segats dels illots Montcolibre (a la dreta) i la Sinyoreta formen un congost estret que separa, amb un fil de mar, les dues illes, habitualment decorades amb el vol de centenars de gavines cridaneres.

espectaculars com són calderes i banyons, així com roques conegudes amb el nom de latites i basalts. Aquests materials volcànics emergits a uns 60 quilòmetres de Castelló, durant un període de prop de mig milió d'anys, se'ns mostren hui en forma d'un arxipèlag amb quatre grups principals d'illes, que prenen el nom de la més rellevant. Com a conseqüència d'una primera emissió, van eixir a la superfície els tres grups d'illes del Bergantí (acompanyat pels illots del Baleato, Cerquero i Churruca), la Foradada (a la qual acompanyen els illots i les penyes de Lobo, Jorge Juan, Piedra Joaquín i illots del Llop) i la Ferrera o illot de Malaspina (amb els illots i les penyes baixes del Banc de Fidalgo, el baix de Navarret, Espinosa, Bauzà i Valdes). Des del punt de vista de la toponímia, aquests noms són els emprats habitualment en les cartografies editades i corresponen a noms de navegants. No obstant això, a escala local, els pescadors utilitzen uns altres topònims diferents dels oficials. Així, per exemple, al Bergantí l'anomenen Carallot, mentre que l'illa Cerquero forma part d'un grup d'illots menuts que reben el nom dels Tres Escullets del Carallot. L'illa Baleato, juntament amb l'illot Churruca, forma el que denominen l'escull de Fora. L'illa de Lobo, en el conjunt de la Foradadeta, és el mateix que l'illot del Llop. Jorge Juan no és un illot, sinó un baix, i l'anomenen l'Escullet, mentre que Piedra Joaquín, la coneixen com l'Escull.

El grup de l'Illa Grossa o Columbret Gran ja esmentat va ser producte d'una segona emissió volcànica que va donar lloc a quatre cons connectats entre si, segons els estudis de L. A. Alonso (1987). S'hi localitza la cota més alta de l'arxipèlag, amb els seus 67 metres a la zona del far. En total, el conjunt sencer de les Columbretes abarca una superfície emergida d'unes 19 ha (14 ha corresponen a l'Illa Grossa), assentades sobre un fons marí a uns 80 metres de profunditat.

Pel que fa al clima, definit com a mediterrani litoral semiàrid, la insularitat fa males passades a les precipitacions, ja que se'n registra una mitjana anual inferior als 300 l/m^2, concentrades en els mesos de setembre i d'octubre, mentre que l'estiu castiga les illes amb una sequera molt greu any rere any. Les temperatures hi són molt agradables al llarg de tot l'any, ja que la mitjana anual està al voltant dels 17ºC. El vent és el gran protagonista de la climatologia de les Columbretes pel fet de condicionar de manera radical, entre altres coses, l'accessibilitat a les illes amb vaixell.

Amb totes aquestes característiques físiques i territorials, entre les quals destaca la insularitat, les Columbretes són un paradís per a l'avifauna, com a punt fonamental de les seues rutes migratòries. D'altra banda, aquesta mateixa insularitat i la formació volcànica han donat com a resultat un dels fons marins més ben conservats de tot el litoral valencià.

Cons volcànics, gavines i fons marins

Crida poderosament l'atenció, pel que fa al paisatge natural, la corba que dóna forma a l'Illa Grossa, perquè, coneixent-ne l'origen volcànic, sembla el con mig enfonsat d'un cràter. Això no obstant, aquest arc de dimensions respectables es deu a l'encadenament de tres o quatre cons volcànics, fet que encara resulta més sorprenent per la seua singularitat estructural. Una vegada arribats a l'altura del far, tenim als peus tot l'arxipèlag en conjunt. Sense entrar en més detalls, podem contemplar el grup d'illots de l'illa Ferrera (43 m d'altura) com els més pròxims, més al sud es localitza l'illa Foradada i, tancant el grup, l'illa del Bergantí o Carallot (32 m de cota màxima).

Sobre aquest substrat i amb l'ajuda inestimable de la insularitat associada a l'acció del mar (vents, onatge, salinitat, pluja...), s'ha desenvolupat una vegetació molt adaptada al rigor que imposa la peculiaritat d'aquestes illes tan menudes. Primer aclariment: no gaudirem de l'ombra de cap arbre, perquè no n'hi ha. Tan sols hi trobarem alguna taca residual d'un matoll esclerofil·le original, a l'illa Ferrera, representat pel llentiscle i el margalló. A l'Illa Grossa, aquest matoll va desaparéixer en introduir-hi animals domèstics i a causa del foc encés per les persones amb l'objectiu principal d'eliminar els escurçons. La vegetació dominant en l'actualitat es compon d'un matoll nitrohalòfil en què destaquen els caps blancs de Columbretes i el salat ver o sosa prima. Però l'autèntica joia vegetal, per la singularitat botànica, n'és l'alfals arbori, endèmic de les Columbretes i de les illes Balears. Criden l'atenció també, per la seua raresa, la malva mauritana i la bufera arbustiva.

Camí del far, ens sorprendrà l'abundància de sargantanes entre l'escassa vegetació que cobreix les roques volcàniques. En les Columbretes es van identificar, temps enrere, tres subespècies de la sargantana ibèrica. Posteriorment aquestes van ser considerades com una sola subespècie. Estudis més recents l'han elevada a la categoria d'espècie, amb el nom de sargantana de Columbretes, endèmica de l'arxipèlag. Sent l'àrea de distribució d'aquesta espècie tan restringida, se'n fa necessària la protecció perquè no tinguen el mateix destí que els famosos escurçons

La sargantana de Columbretes és una espècie endèmica de l'arxipèlag. Durant temps va ser considerada una subespècie de la sargantana ibèrica, però estudis recents la cataloguen com una de diferent, de nom *Podarcis atrata*, en referència a la coloració fosca del primer exemplar descrit. És una espècie protegida des de la declaració de les illes com a Parc Natural.

que van donar nom a les illes, la desaparició dels quals va ser provocada per l'arribada de l'ésser humà a l'illa, al principi del segle XX, per por al seu verí. Pel que fa als invertebrats, estudis recents parlen de cinc espècies de coleòpters endèmics d'aquest arxipèlag, a més de la presència d'un caragol, també endèmic,

A l'interior de l'Illa Grossa, les aigües netes i resguardades dels corrents permeten l'observació dels fons marins fins i tot des de la superfície. Però la immersió ens pot descobrir espècies menudes i mol·luscos de coloracions cridaneres, animals sèssils com l'ortiga de mar [dalt esquerra] o les madrèpores, sobre les quals descansa un peix bavosa menut [dalt dreta].

En la flora de les Columbretes sorprén el testimoni que queda d'espècies exclusives o quasi exclusives de l'arxipèlag, com els caps blancs, l'alfals arbori [imatges centrals], i altres espècies rares, com la malva mauritana de la fotografia petita.

anomenat *Trochoidea molinae*. I no oblidem els alacrans, molt abundants i perillosos.

D'altra banda, des de l'excel·lent mirador que és el turó del far es pot contemplar, amb un poc de sort, el tranquil vol de gran part de l'avifauna marina que utilitza les illes per a niar, o com a escala cap a climes més suaus (dels ocells migratoris se n'anellen una mitjana de 4.000 anuals, segons els últims censos). Entre els ocells que hi nien es troben la gavina corsa i el falcó de la reina, dues espècies rellevants i escasses. També hi trobarem la baldriga cendrosa, l'escateret o ocell de tempesta i el gavià argentat i, des del 1991, el corb marí emplomallat.

Però és en els fons marins on la importància de les illes Columbretes iguala o supera l'interés ornitològic. I no sols per l'abundant captura de peixos, crustacis i mol·luscos representats per espècies com la cabra de mar, el calamar, la llagosta, el congre, la sardina, l'orada o el moll, sinó també per la rellevància de les comunitats d'algues marines. Per la seua aportació al paisatge més visual de les illes, cal destacar l'abundància de les algues rodòfites (amb més de 160 classes diferents), algunes de les quals formen el que es coneix com a fons de grapissar. En els afloraments rocosos d'aquests fons de grapissar trobarem abundants rodòfites concrecionants, així com el feòfit *Laminaria rodriguezii*, una alga de grans dimensions, endèmica de la Mediterrània.

De segur que el paisatge natural de les Columbretes no deixarà indiferent ningú gràcies a la seua combinació de vulcanisme, un fons marí viu i riquíssim, una avifauna singular i el cromatisme de les seues aigües mesclades amb l'estampa estètica dels materials i les formes volcàniques.

3

El paisatge cultural

De refugi de contrabandistes a Reserva Marina

A les illes Columbretes es parla de presència humana –de vegades només de passada– al llarg de la història. Els romans les van anomenar *Colubraria*. Per als grecs era *Ophiusa*. Uns altres les anomenaven *Serpentaria,* a causa de l'abundància de serps. La presència de grecs i romans ha sigut constatada per les nombroses àmfores recuperades dels fons marins.

Des de llavors, i al llarg del temps, l'arxipèlag, i en especial l'Illa Grossa, ha sigut punt d'ancoratge de pescadors, pirates o contrabandistes, encara que només ha estat habitada des de la construcció del far, unes obres que es van allargar entre els anys 1856 i 1860, en plena època del regnat d'Isabel II i segons un projecte de l'enginyer Eduardo Gutiérrez.

Els encarregats del far i les seues famílies hi van viure fins al 1975, any en què es va automatitzar el senyal lluminós. Durant el temps en què van habitar l'illa, els constructors del far i els faroners hi van produir un impacte ambiental molt greu amb la introducció d'espècies vegetals i animals no habituals a l'illa (rates, conills, porcs, gallines...) o amb la crema de la vegetació original per intentar eliminar-ne els escurçons.

Durant les últimes dècades, i abans de la declaració com a Parc Natural el 1988, la pesca incontrolada i l'ús d'algunes illes com a camp de tir de l'Exèrcit de l'Aire en van marcar la realitat més recent. Encara hui es poden trobar, en tot el conjunt de l'arxipèlag, restes de projectils que es llançaven sense munició, bombardeig de què es va salvar l'Illa Grossa gràcies a la presència del far. No van faltar tampoc els desastres produïts en els seus rics fons marins per la pesca sense control, tant la d'arrossegament com la pesca submarina, feta amb escafandre autònom.

Quant a construccions humanes, només en trobarem a l'Illa Grossa. En un primer moment, el visitant descobreix l'abric de

Escultura al·legòrica en homenatge als antics faroners i habitants de l'Illa Grossa, situada en un dels extrems de la terrassa de les oficines del parc. Al fons es deixa veure el far i una de les velles casetes per a ferramentes, hui rehabilitada amb gust i seguint l'estètica tradicional.

Port Tofinyo, amb les seues escales i els seus aparells, hui en desús, utilitzats per a ajudar a la càrrega i descàrrega de materials i de menjar per als antics faroners i per a les activitats de pesca. A l'esquerra de Port Tofinyo està ubicat el petit cementeri de l'illa, que tan sols acull quatre tombes. Era tal l'aïllament dels faroners i de la seua família que es féu necessària la construcció d'un cementeri, a pesar de la poca gent que hi vivia durant tot l'any. Podem imaginar-nos la soledat i l'aïllament que implicava viure a les acaballes del segle XIX a les Columbretes sense tan sols una emissora de ràdio. La vida era tremendament dura en aquestes illes.

Més al sud del far hi ha un discret monument amb una imatge de la Mare de Déu del Carme, patrona dels pescadors. En direcció nord, una senda (l'única permesa als visitants que no siguen personal investigador) permet l'accés al far. Pel camí

El 30 de juny del 1860 va quedar inaugurat de manera oficial el far de l'Illa Grossa, encara que aquest ja guiava la navegació des del 1857. El cost de la construcció del far va ser d'1.886.020,69 quinzets. Des de la seua inauguració fins hui, hi ha hagut quatre sistemes d'il·luminació al far: amb parafina fins al 1900; amb petroli fins al 1915; amb un equip arribat del far de Tarifa, basat en gorres i en un sistema d'ocultacions intermitents de la llum, fins al 1960, i el 1961 una nova instal·lació va emprar acetilé i un equip òptic de lents giratòries, fins que el 1975 apareix l'automatisme mitjançant l'ús d'energia solar.

s'observen algunes edificacions resultants de les necessitats de les persones que han viscut o han treballat a l'illa. No hi trobarem cap edifici construït per plaer artístic. En la part de ponent, i poc després de deixar enrere Port Tofinyo, apareixen les escales de Rosi, un lloc per a desembarcar quan bufen els temporals de llevant. Més endavant ens topem amb les casernes on vivien els obrers que van construir el far, casernes que, una vegada acabada l'obra, van conservar un oratori i un magatzem per al menjar. Al costat d'aquest es troba un aljub, imprescindible en aquella època per a poder disposar d'aigua. Associada també als quarters, es va alçar una modesta construcció per a guardar les ferramentes de treball.

Finalment, el camí permet arribar a l'element patrimonial més rellevant de les illes: el far i el seu edifici. Des d'allí dalt tenim a l'abast de la vista tot el conjunt d'edificacions i obres fetes per l'home en les Columbretes. Hi ha una visió global de la simplicitat, però també de la bona organització, amb què l'ésser humà va utilitzar l'escàs territori illenc: casernes per a viure-hi, aljub, caseta per a les ferramentes, cementeri, monument als pescadors i un abric com el de Port Tofinyo per a l'embarcament i el desembarcament. I no hi ha més. Si no és el record de tot i de tots els que han utilitzat, al llarg de la història, aquest lloc de valor ambiental i cultural impagable: antics mariners, militars i comerciants romans, grecs o fenicis, pirates barbarescos, contrabandistes, pescadors, submarinistes, faroners...

4 Les illes Columbretes hui

En un primer moment, i mentre el vaixell busca l'ancoratge de Port Tofinyo, el viatger es quedarà sorprés davant de tanta bellesa. Però les emocions provocades pel paisatge van en augment quan es posa el peu en una terra volcànica com aquesta. Les gavines comencen a volar a dos pams del cap quan enfilem un camí en direcció al far. Aquest camí és l'únic permés per a les visites a peu a les illes Columbretes ara per ara, ja que a les altres illes està estrictament prohibit desembarcar. Els 61 metres d'altitud a què està ubicat el far formen una talaia privilegiada sobre tot el conjunt de l'arxipèlag. Des d'allí dalt caldrà tirar mà dels documents científics divulgats en llibres i fullets per poder desxifrar aquest paisatge volcànic insòlit en el conjunt del litoral valencià.

És una llàstima que la visita, per a la qual es necessita autorització, dure només unes poques hores, però de totes maneres val la pena fer-la en qualsevol època de l'any. Amb tot, no és massa recomanable a l'estiu, perquè el llom de l'Illa Grossa es converteix en una graella encesa que socarra sense pietat els visitants despreocupats que es pensaven que allò era una excursió més, com les que solen fer-se pel nostre maltractat litoral. Una esperança amb vista al futur s'obri per als visitants naturalistes o amants dels contactes intensos amb la nostra natura: l'edifici del far està sent restaurat per poder oferir hostalatge a investigadors, naturalistes i, per què no, a ciutadans de peu que sàpiguen trobar una bona excusa per a visitar les illes de manera respectuosa.

La veritat és que les illes van ser prou maltractades per les persones (lloc de pràctiques de tir per part de l'Exèrcit de l'Aire, pesca furtiva en els seus extraordinaris fons marins...), però amb la declaració de les illes Columbretes com a Parc Natural el 1988, com a Reserva Marina el 1990 i requalificades el 1994 com a Reserva Natural, han passat a ser territori protegit definitivament.

A més, tot el conjunt de l'arxipèlag ha sigut declarat Zona d'Especial Protecció per a les Aus (ZEPA), per la presència als illots de la gavina corsa, el falcó de la reina, la baldriga cendrosa, l'escateret de la Mediterrània, el gavià argentat i el corb marí emplomallat.

Les albes i els capvespres són captivadors, dels que colpegen l'ànima i el cor. A més de les emocions causades pel paisatge, el que trobarem també a les illes és una massificació perillosa de vaixells d'esplai (velers, catamarans i llanxes ràpides no gaire respectuoses amb un ecosistema marí com el de les Columbretes), encara que tots naveguen i atraquen sota la mirada atenta i requisadora dels guardes de la Reserva Natural de les Columbretes.

Els guardes i els investigadors (ornitòlegs i biòlegs, principalment) constitueixen en l'actualitat l'equivalent dels faroners del final del segle XIX, però amb una diferència: tenen a l'abast totes les noves tecnologies (ràdio, telefonia mòbil, televisió...) i una connexió més o menys diària amb la costa a través dels vaixells de turistes i de pescadors. Així i tot, els mateixos guardes comenten que entenen el sentiment d'aïllament dels antics faroners, ja que, encara que ells fan torns de quinze dies, la soledat i l'aïllament

La terrassa que hi ha davant dels vells quarters [també en la pàg. següent], hui convertits en residència dels guardes i lloc de treball dels investigadors, és, a més d'un mirador excepcional de totes les Columbretes, el punt al voltant del qual gravita la vida quotidiana de l'Illa Grossa. La confortabilitat de l'edifici i els jardins dels voltants converteixen l'estada en un lloc agradable, a diferència de les dures condicions de vida dels antics faroners.

[Baix] Escala tallada en pedra sobre la roca volcànica, coneguda amb el nom de Port Tofinyo: l'accés principal (i l'únic permés oficialment) a l'Illa Grossa. Desembarcar en aquest *port* és tota una aventura.

de les illes es fan notar amb gran intensitat. En aquestes condicions, les edificacions tenen uns altres usos segons les noves necessitats. El cementeri ja no s'utilitza, i només la torre del far i els quatre aljubs que hi havia, més un de nou, mantenen encara la funció que els va fer construir. L'edifici del far prompte podrà donar recer als visitants durant les nits, les casernes serveixen en l'actualitat de llar per als guardes i com a lloc de treball dels investigadors, i la terrassa davantera del seu privilegiat balcó, per a gaudir de les illes i controlar el gran flux de visitants actuals a l'estiu.

Hem arribat a temps de preservar les Columbretes amb dignitat per a les generacions futures, de conservar-les com un paradís per a la vida salvatge (una rica i particular avifauna i uns fons marins amb una vida animal i vegetal de valor incalculable) i com un lloc del qual poder sentir-nos afalagats tots els valencians i valencianes.

Nom: Illes Columbretes.

Superfície: 19 ha emergides (l'actual reserva natural); 2.500 ha delimitades com a zepa, que inclouen les terres emergides i els voltants marins; 4.400 ha com a Reserva Marina.

Comarques: la Plana Alta.

Municipis: Castelló.

Marc legal: Parc Natural mitjançant el Decret 15/1988, de 25 de gener, del Consell de la Generalitat Valenciana. Reserva Marina mitjançant l'Ordre de 19 d'abril de 1990, del Ministeri d'Agricultura, Pesca i Alimentació. Dins de la Reserva Marina es localitzen dues reserves integrals al voltant dels fons marins de l'Illa Grossa (un radi de 0,5 milles) i del grup d'illots del Bergantí (un perímetre de 0,8 milles). La Llei 11/1994, del 27 de desembre, de la Generalitat Valenciana, va requalificar les terres emergides de l'arxipèlag de les Columbretes de Parc Natural a Reserva Natural. Zona d'Especial Protecció per a les Aus (zepa). Les illes Columbretes han sigut incloses en la proposta del Govern Valencià per a passar a formar part de la xarxa europea Natura 2000 de Llocs d'Interés Comunitari (LIC).

Clima: Del litoral meridional. Temperatures suaus a l'hivern i molt elevades a l'estiu. Pluges concentrades a la tardor i a la primavera, amb una forta sequera estival. Les precipitacions amb prou faenes superen els 300 l/m² de mitjana anual.

Litologia: Materials del període plioquaternari, amb una edat aproximada d'uns tres milions d'anys. Origen en l'erupció de materials (cendres i escòries) a partir d'una alineació submarina de roques volcàniques coneguda com a barra alta de direcció nord-sud, que han donat com a resultat figures estructurals com calderes i banyons, a més de roques com latites i basalts.

Itineraris: Es necessita autorització de la direcció de la Reserva Natural per a desembarcar-hi o bussejar-hi. Per a desembarcar-hi, l'autorització es dóna en arribar a les illes. Per a bussejar-hi, l'autorització es demana al mapa. Per a fer fotografies de tipus professional cal una autorització especial; no per a fotos de tipus turístic.

El nombre de persones que pot desembarcar a l'Illa Grossa és limitat. És l'única per la qual es pot caminar, i només disposa d'una senda oberta a les visites que connecta Port Tofinyo amb l'edifici del far. El recorregut sempre es du a terme acompanyat per personal de la guàrdia de la Reserva Natural.

L'illa del Mascarat.

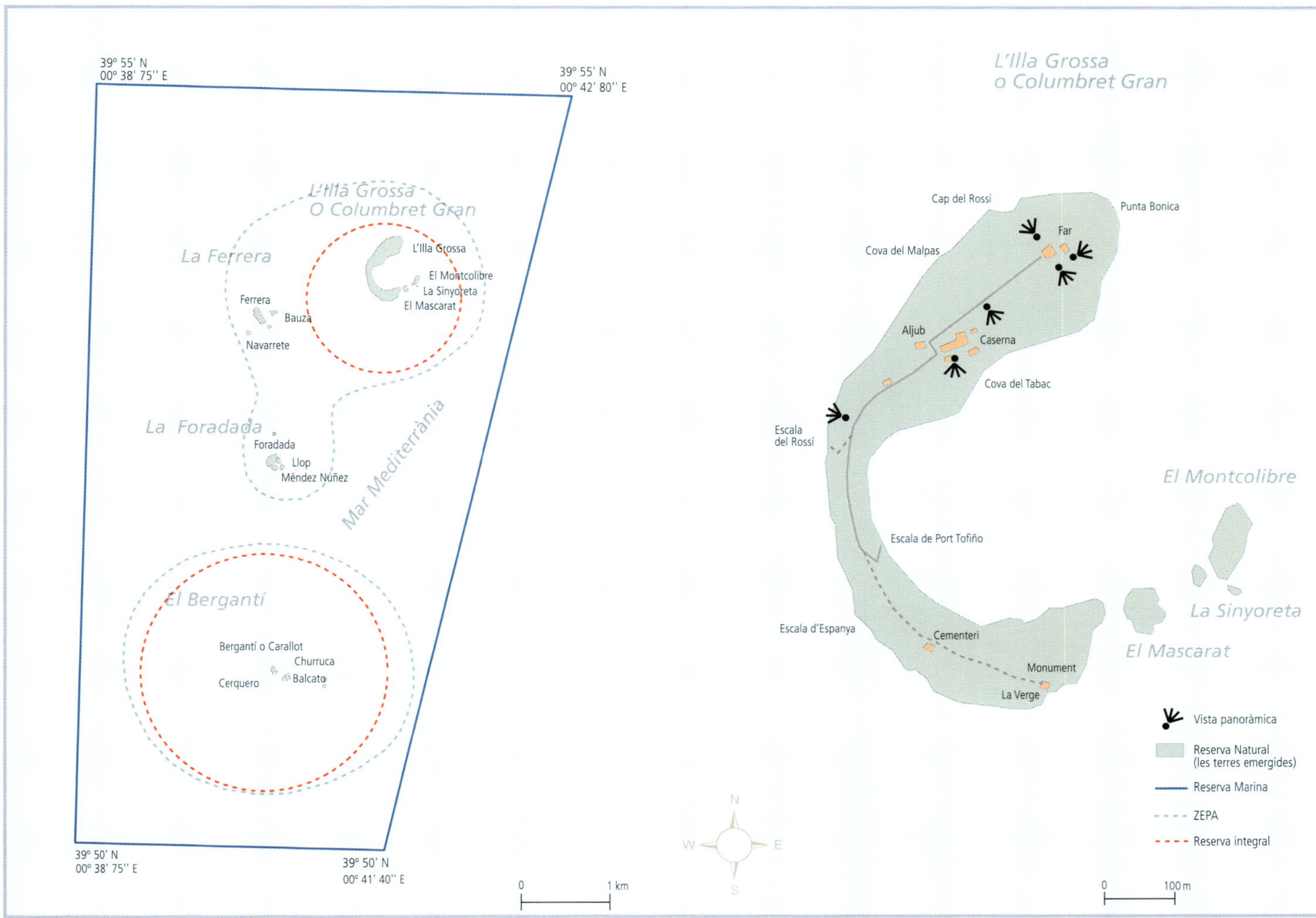

Referències bibliogràfiques:

AA. DD. (1991): *Islas Columbretes. Contribución al estudio de su medio natural.* Agència del Medi Ambient. Conselleria d'Administracions Públiques. Generalitat Valenciana. València.

AA. DD. (2000): *Islas Columbretes.* Cerdec Ibérica S.A. Castelló.

Urios, G. i Fernández, N. (1997): *Un viaje a la isla de las serpientes.* Fundació Bancaixa. València.

III.

El Prat de Cabanes-Torreblanca

1 Introducció

La gran marjal del litoral castellonenc

Al llarg de set quilòmetres i mig de litoral, entre els termes municipals de Cabanes i Torreblanca, als peus de les serres de Cabanes, d'Orpesa i d'Irta, i, un poc més al sud, el Desert de les Palmes, hi ha una estreta franja de marenys i pantans que ocupen el que va ser una antiga albufera. Els dipòsits al·luvials van anar reblint aquesta gran llacuna sobre la plana quaternària fins a formar el paisatge que ara podem observar: una extensió immensa de joncs i canyes sobre un espai inundat en més o menys mesura segons l'època de l'any, i un substrat de fang gris i torba que el fan en gran part impenetrable, però que és, precisament per això, un refugi biogenètic de primera magnitud.

Declarat Parc Natural pel Consell de la Generalitat Valenciana al desembre del 1988, aquest paratge, totalment pla, presenta un aspecte canviant segons l'estació i d'un cromatisme intens que va des del verd fosc de la vegetació fins al marró clar, esguitat de les mil tonalitats de plantes i flors que, al començament de la primavera, s'estenen al llarg dels canals que desaigüen a la mar. Els cultius, aprofitant els llims terrosos i grisencs que rodegen l'aiguamoll per l'oest, també enriqueixen la biodiversitat del Prat, encara que l'interés botànic de les seues espècies és molt menor.

El color de la vegetació a l'hivern contrasta també amb el blau de la mar, que en aquesta època té una llum excepcional, i de la qual el separen a penes uns metres, els suficients per a tancar l'antiga llacuna i evitar l'entrada d'aigua salada.

L'origen d'aquest espai natural s'ha de buscar en la formació de les albuferes litorals que van ocupar gran part de la franja costera mediterrània, fa més de 6.000 anys.

La mar arribava en un primer moment fins al peu mateix de la serra d'Orpesa i, a mesura que els corrents marins anaven dipositant els sediments al llarg de la línia de costa, la gran llacuna es va anar tancant a poc a poc. Les aportacions d'aigua dolça a través d'aqüífers, pluges i rius van renovar l'aigua salada fins que es va convertir en una llacuna salobre primer i d'aigua dolça després, on conviuen multitud d'espècies animals i

La conservació excel·lent de la restinga, formada per graves i cudols, és una de les característiques més importants del Prat, ja que permet la nidificació d'espècies com la perdiu de mar i separa la llacuna de la mar.

vegetals adaptades a aquestes condicions. En realitat, el Prat de Cabanes-Torreblanca era, en un principi, com és hui l'Albufera de València, encara que el primer molt més evolucionat des del punt de vista geomorfològic, perquè els processos de colmatació que actuen sobre l'Albufera ja s'han produït en el Prat de Cabanes. D'altra banda, el rebliment al llarg de segles i segles ha anat cobrint amb els seus llims la vegetació de molses i herbassars que, per quedar sense oxigen i en un ambient d'elevada humitat, dóna lloc a un procés de carbonatació, que converteix la matèria orgànica en torba,

[Pàg. anterior] L'alternança de zones reblides i de llacunes obertes de profunditat variable, provocades per l'extracció de torba, ha creat un ecosistema d'aiguamoll d'una gran importància ecològica, que permet l'hàbitat d'una infinitat d'espècies d'aus i de peixos.

La franja costera o restinga que separa el Prat de la mar té una importància ecològica excepcional i encara és possible observar-hi una duna, en les proximitats de Torre la Sal. Per la seua fragilitat extrema, qualsevol passeig per aquest cordó litoral ha de ser molt respectuós amb la prohibició total de vehicles de motor, especialment en l'època de nidificació.

La soledat de les platges del Prat permet un contacte íntim amb la natura.

que és la primera fase de la formació del carbó. Sobre aquestes capes tornen a créixer noves plantes i el cicle es va repetint, formant torberes extenses que poden arribar a tenir, en alguns llocs del Prat, un gruix de fins a quatre metres i mig.

L'espai protegit abraça una superfície de 810 ha, i la temperatura mitjana anual oscil·la al voltant dels 17°C, amb una pluviositat baixa, uns 447 l/m² anuals, com correspon a un clima mediterrani, mesotèrmic i semiàrid. Les pluges, mal repartides, arriben al màxim a la tardor (quan poden produir-se pluges torrencials) i al mínim a l'estiu. Dos aqüífers formen part del Prat, un superficial que aflora a l'exterior, alimentat per la infiltració d'aigües pluvials, i un altre inferior, més profund, que té l'origen en l'aportació de l'aqüífer subterrani procedent de la serra de Cabanes per la vora occidental. Els ullals hi són freqüents i representen una aportació d'aigua dolça, pura i cristal·lina procedent de l'aqüífer més profund.

El Prat de Cabanes destaca també per l'extensió i la conservació excel·lent de la seua restinga, que separa l'aiguamoll de la mar com una gran barrera formada per graves i còdols, amb algunes acumulacions puntuals d'arena. En el seu espai reduït, entre els ventalls al·luvials dels deltes del riu de les Coves o de Sant Miquel al nord i la rambla de Xinxilla al sud, podem distingir tres tipus de formacions geomorfològiques, a les quals s'adaptaran també tres tipus diferents de comunitats vegetals: la restinga mateixa, l'amplària de la qual no arriba a superar el centenar de metres; la zona pantanosa interior, composta per llims orgànics; i el marge occidental, on encara són perfectament visibles els glacis d'erosió, vertaders ventalls al·luvials desenvolupats per l'acumulació de materials detrítics de les muntanyes pròximes i que es prolonguen en un pendent suau cap a la marjal. Els canals que van ser oberts per a dessecar l'aiguamoll i les llacunes disperses que hi han quedat després del buidatge de la torba són també subunitats paisatgístiques menudes de creació humana, que hi han quedat integrades totalment i formen part de l'entorn natural.

Últim refugi de la perdiu de mar

A mesura que l'aigua salada anava retrocedint cap a la mar, una sèrie d'espècies vegetals i animals van anar ocupant aquests terrenys encara inundats i fortament salinitzats. Tres grans grups de comunitats vegetals s'instal·len a l'antiga llacuna i s'adapten a aquestes condicions especials: les comunitats dels saladars, les comunitats del cordó dunar litoral i les comunitats aquàtiques.

Les espècies que formen les comunitats dels saladars estan compostes per una sèrie de plantes de gran originalitat, ja que són capaces de desenvolupar certes estratègies per a acumular o excretar l'excés de sals. Ocupen sòls molt salins que a vegades són inundats de manera temporal per aigua de la mar. L'herba salada, la barrella i el jonc són característics d'aquest tipus de vegetació i, encara que la representació al Prat no n'és molt elevada, es mantenen ben estructurades a pesar que part dels terrenys que ocupen no estan inclosos en el parc.

Les comunitats del cordó dunar litoral són molt més pobres, ja que les condicions físiques del sòl, la proximitat imminent a la mar i la pressió humana no permeten un desenvolupament integral. Plantes com el fenoll o el cascall marí es refermen sobre les graves i s'alimenten de la matèria orgànica acumulada. La crucianel·la marítima o credeueta, l'alfals marí, l'ungla de gat, el rave de mar, la campaneta de mar o la perlina blanca creixen sobre l'arena. Tanmateix, no s'hi troben en un estat òptim, ja que aquestes espècies són extremadament sensibles a l'acció humana, i es veuen molt afectades per les visites incontrolades, especialment les que es produeixen durant l'estiu per la massificació de banyistes que van a la recerca de platges verges on passar el dia.

Finalment, les comunitats aquàtiques sí que estan molt ben representades en el parc i són les més abundants, tant en varietat com en extensió. Podem distingir-ne dos grups: les semiaquàtiques, que afonen l'arrel i part de la tija en l'aigua, com el canyís, la boga o bova i el jonc d'estany; i els mansegars, que estan compostos, entre altres espècies, per la mansega i la boga. També en les àrees del parc més salobres o amb més període d'inundació podem trobar, a més del jonc, el donzell, el jonc litoral o palla, la jonca marítima i el *Plantago* o plantatge marí. Entre el grup d'aquàtiques, que ocupen sobretot les llacunes d'aigua permanent, bé naturals

El cascall marí, de la família de les papaveràcies, creix a les platges rocoses o als penya-segats baixos de la costa. És una planta biennal que floreix al maig, i després de la floració n'apareix el fruit allargat (de 15 a 25 cm). Quan es talla solta un làtex groguenc que s'utilitza per a reduir les berrugues. No és aconsellable ingerir la planta, ja que es tracta d'una espècie tòxica.

bé d'origen artificial com les provocades per l'extracció de torba, cal destacar la llentilla d'aigua i tots aquells herbassars subaquàtics que arrelen en fons poc profunds, com la llengua d'oca, els rissos d'aigua, la filigrana menor o el volantí, totes espècies indicadores de la puresa i la qualitat de l'aigua.

No hi ha dubte que són les comunitats de canyes i joncs les que caracteritzen el Prat de Cabanes i tenen més representació quant a extensió i densitat, i és precisament ací on es refugien i nien infinitat d'ocells l'hàbitat dels quals ha sigut pràcticament destruït en quasi tot el litoral mediterrani. L'abundància d'ocells és l'atractiu principal i el més visible per al profà que s'acoste a conéixer el paratge. El Prat de Cabanes és un dels pocs llocs on nia la perdiu de mar, ja que a la marjal d'Almenara, l'altre paratge on també s'ha-

La degradació de zones humides litorals, que constitueixen l'hàbitat de la carregada o perdiu de mar, l'ha convertida en una espècie escassa i amenaçada. El Prat de Cabanes representa una de les escasses zones de nidificació en terres valencianes. Té un vol ràpid i àgil, semblant al d'una oroneta.

La xitxarra mostatxuda és un passeriforme de la família dels sílvids (igual que les tallaretes). De la grandària aproximada d'un teuladí, és un habitant típic dels canyissars i no és freqüent al litoral mediterrani, ja que es tracta d'una espècie molt rara en l'actualitat. El Prat de Cabanes-Torreblanca representa una de les seues principals àrees de nidificació a la Península. Té un cant suau i aflautat i l'emet des del seu lloc entre la vegetació palustre.

via localitzat fa uns anys, és possible que ja haja desaparegut totalment. A pesar d'estar catalogada com a vulnerable en el Catàleg Valencià d'Espècies Amenaçades, el Prat de Cabanes no té un pla específic per a protegir aquest ocell, amb l'agreujant, a més, de l'exclusió del parc dels saladars pròxims a Torre la Sal, lloc on sol niar. La presència del corriol camanegre ha disminuït precisament a Torre la Sal, ja que també és molt sensible a la pressió humana, i especialment a la neteja de platges amb maquinària pesada. La camallonga també es refugia al Prat, i encara que la seua estada fluctua segons l'entollada de l'aiguamoll, en general l'espècie també està en franca regressió a Castelló, d'acord amb els últims censos d'ocells. Queden en la zona algunes parelles de judia, espècie molt escassa, i la presència del corb marí, el cabrellot, el cabussonet i l'arpellot de marjal hi és pràcticament testimonial, ja que, a més de ser hivernants, estan molt amenaçats i no és freqüent que nien en altres enclavaments menys protegits. La xitxarra mostatxuda i l'arpellot cendrós, ambdós en perill d'extinció i protegits per les directives europees, tenen al Prat de Cabanes un dels últims refugis.

Els mamífers hi són escassos, encara que és important la població de rata d'aigua, la mostela com el seu depredador màxim, i el conill. Més representació tenen les tortugues, com la tortuga d'aigua europea, estrictament protegida per la legislació espanyola, i els rèptils, com la serp d'aigua. Espècies piscícoles endèmiques com el fartet i el samaruc, o fins i tot crustacis com la gambeta, s'han vist beneficiades especialment per la formació artificial de llacunes com a conseqüència de l'extracció de torba. El nombre d'aquests peixos endèmics menuts ha augmentat notablement els últims anys, potenciat per l'antiga Conselleria de Medi Ambient, hui Conselleria de Territori i Habitatge, amb soltes periòdiques d'exemplars adults. Els anàtids, com el sivert o l'ànec collverd i certes gallinàcies com la polla d'aigua, també es veuen beneficiats per l'existència d'aquestes llacunes d'extensió i profunditat diferents, provocades directament per l'activitat humana.

3 El paisatge cultural

Torberes, agricultors i pescadors

Els valors culturals del Prat de Cabanes-Torreblanca estan vinculats directament a l'activitat de l'home com a agent transformador del paisatge. Però cal tenir en compte que el Prat de Cabanes s'ha salvat i ha arribat fins als nostres dies en un bon estat relatiu, perquè els intents de dessecar-lo i cultivar-lo van fracassar, no perquè realment hi haguera cap interés a protegir-lo, almenys fins al 1976, data en què el Ministeri d'Obres Públiques, en els Usos del Domini Públic Litoral, es reserva des de Torrenostra fins al riu Xinxilla per a la conservació de la natura. Diverses institucions com l'ICONA, l'antic Institut Geològic Miner Espanyol o la Diputació mateix van insistir en els valors científics i geomorfològics del Prat de Cabanes, però no va ser fins al 1988, a instàncies de la Conselleria d'Agricultura i Pesca, que es declarà el paratge Zona d'Importància Internacional per a les aus i posteriorment Parc Natural protegit per part de l'aleshores Conselleria d'Obres Públiques, Urbanisme i Trasport.

Ja l'any 1795, Cavanilles va definir el Prat de Cabanes com «un conjunt de jardins deliciosos», en referència a la varietat i la riquesa de plantes, sobretot en la part no cultivada dels ribassos. Aquests ribassos van ser construïts per delimitar les assarbs, uns canals destinats a derivar l'aigua i desaiguar posteriorment pels canals principals a la mar. Així, els estanys d'Albalat i de Miravet, nom amb què també era conegut el Prat, van anar canviant d'aspecte durant l'últim segle, sobretot a partir de l'obertura del canal perimetral a fi d'accelerar-ne la dessecació. El Prat va passar de 3.100 ha a mitjan segle XIX, a les 812 actuals. El procés de saturació de sediments coincideix històricament amb la gran desforestació de les muntanyes que rodegen la plana litoral, que es va accelerar com a conseqüència de l'intens procés d'erosió. La tala indiscriminada de carrasques i roures, sobretot per a l'elaboració de carbó i de fusta, o la creació d'àmplies zones de pastures per a la ramaderia ovina, vinculada al comerç de la llana, va ser, igual que en tot l'interior valencià, el mo-

L'activitat humana ha sigut molt intensa al Prat. L'extracció de torba, la pesca, la ramaderia i l'agricultura a les zones limítrofes han modificat substancialment el paisatge original i n'han reduït l'extensió fins a les 812 hectàrees actuals.

L'agricultura va ser una activitat marginal al Prat de Cabanes, però no per això menys impactant. Les zones limítrofes, reblides gradualment, van ser transformades primer en camps i, posteriorment, s'hi van introduir els cítrics, regats amb aigua del subsòl extreta mitjançant sénies i pous. El regadiu va permetre l'ampliació dels nous cultius.

tiu principal de la desaparició de la cobertura vegetal en extenses zones abans cobertes de boscos. Al final del segle XVIII, al rebliment natural de sediments s'afegiran les transformacions agrícoles destinades a la dessecació del Prat construint els canals de desaigüe, per convertir l'aiguamoll en camps de cultiu.

L'ésser humà, per tant, sempre ha estat present en aquest lloc, però no deixant monuments ni llocs d'interés cultural, com ocorre en altres espais naturals, sinó com a principal depredador i colonitzador d'aquest paisatge. De fet, la major part de les activitats tradicionals que es continuen fent al paratge són tremendament destructives en un ecosistema tan fràgil: la caça, el pasturatge, l'extracció de torba des del 1866 o les urbanitzacions han de ser estrictament controlades si volem conservar per al futur aquesta joia de biodiversitat.

Dins del parc, si exceptuem la xarxa de canals i séquies, la boca del pantà, la séquia Mare, el canal de les Torbes i les restes del quarter de carrabiners, destruïdes per la mar i que donen un toc romàntic a la solitària platja, poc més queda que es puga considerar d'interés antropològic. La proximitat de la Via Augusta i, més allunyat de la costa, l'arc romà de Cabanes, permeten pensar que ja els romans van intentar cultivar alguna zona de la marjal, sobretot amb l'expansió de les vil·les rústiques durant la *pax augusta* i després de la caiguda de l'Imperi. La població de Torreblanca ja estava habitada en aquesta època i les troballes al costat del Camí Vell de monedes, àmfores i restes de ceràmica, a més dels vestigis arqueològics marins trobats enfront de Torre la Sal, testifiquen una presència humana estable des de l'antiguitat. Jaume I no menciona Torreblanca com a tal en l'entrega dels territoris que comprenen els castells de Miravet, d'Albalat i la vila de Cabanes, però sí que esmenta la torre de Lupprica-to, situada molt prop.

El topònim de Torreblanca sembla estar relacionat amb una torre fortalesa situada a la zona costanera, i que era coneguda com la torre de Na Blanca, una néta de Jaume II d'Aragó casada amb el comte de Cardona. L'edifici es coneix hui amb el nom de la torre del Marqués. En l'extrem meridional del parc, al costat de la urbanització de Torre la Sal, està ubicat l'Institut d'Aqüicultura, dependent del Centre Superior d'Investigacions Científiques, i també el centre de recepció de visitants del Parc Natural, que depén de la Conselleria de Territori i Habitatge. Aquest edifici de grans dimensions, al costat de la desordenada urbanització de Torre la Sal, provoca un fort impacte ambiental, visual i paisatgístic en uns terrenys d'alt valor ecològic que també haurien d'estar protegits.

4 El Prat de Cabanes hui

El paisatge natural del Prat de Cabanes dista molt de tenir l'aspecte original que tingué quan era conegut amb el nom tan bonic de Prat d'Albalat dels Ànecs. Llavors, igual que totes les albuferes litorals, es comunicava amb la mar i la seua extensió era molt més gran que l'actual, però els processos naturals històrics que van actuar sobre aquest aiguamoll l'han anat reduint tant en grandària com en profunditat. Si durant els segles XVII i XVIII es tanca definitivament el llac, l'extracció de torba consegüent, l'aparició de les urbanitzacions de Torrenostra i Torre la Sal, la construcció d'habitatges de segona residència dins de la marjal i la pressió humana dels últims anys han reduït el paratge a les poques hectàrees que ara podem contemplar.

Un passeig pel cordó litoral del parc, seguint la línia de costa sobre les dunes fòssils de Torre la Sal fins a les ruïnes del vell quarter de carrabiners, o acostar-se per l'interior als miradors per a contemplar els ocells, ens donarà una idea de com van ser els antics aiguamolls que jalonaven la costa mediterrània. El Prat va ser considerat Zona d'Especial Protecció per a les Aus (ZEPA), categoria creada pel Consell d'Europa el 1979. Això significa un compromís de protecció que no sempre es compleix i que ocasiona conflictes entre la normativa i les activitats tradicionals, no sempre respectuoses amb el medi. En aquest sentit, la pràctica de la caça, encara vigent, sobre un espai tan reduït provoca una pressió desmesurada i absurda sobre els ocells que es contradiu amb tot això. De la mateixa manera, les cremes intencionades per part dels pastors per crear espais oberts han sigut una constant, amb tot el que això implica per a l'avifauna, en especial si es produeix en època de cria. Al febrer del 2002, un altre incendi provocat en dos punts distants assola per enèsima vegada el Parc Natural, amb una vintena d'hectàrees afectades. També la presència de bestiar boví i la utilització de l'espai com a pastures tenen una incidència greu sobre les niuades d'espècies com la perdiu de mar, la camallonga o l'esparver cendrós, i el trepig continu dels animals que pasturen provoca efectes destructors sobre la vegetació, ja que l'empobreix o l'elimina per complet en les zones de més pressió.

D'altra banda, l'extracció de torba, activitat econòmica que va començar al final del segle XIX, produeix una transformació forta de l'entorn que, a més de substituir la vegetació original per llacunes, fa que augmente el trànsit rodat de camions, s'òbriguen camins, es produïsquen sorolls molestos per a la fauna i s'instal·len excavadores i maquinària pesant en l'interior de l'aiguamoll. Amb tot, alguns biòlegs defensen l'extracció de torba controlada perquè augmenta la biodiversitat, ja que després de l'explotació part del paratge es queda esguitat de llacunes de grandària i profunditat distinta, que permeten una presència més gran d'anàtids i també la recuperació d'espècies piscícoles autòcto-

Els brolladors són freqüents al parc i representen una aportació addicional d'aigua dolça, pura i cristal·lina, procedent dels aqüífers subterranis, especialment el que té l'origen a la serra de Cabanes pel costat occidental.

Les ruïnes de la vella caserna de carrabiners donen un toc romàntic a un passeig pel Prat. Va ser alçat per controlar el contraban, una activitat marginal i quasi delictiva en una època en què el comerç il·legal de tabac i alcohol era una pràctica freqüent a les nostres costes.

nes, algunes, com el samaruc o el fartet, en perill d'extinció.

Els límits occidentals del Prat de Cabanes també han sigut fortament alterats amb la transformació de la marjal en hortes primer i en tarongerars després. No obstant això, si exceptuem les grans urbanitzacions al nord i al sud, i la poca grandària de l'espai protegit, la resta dels problemes que afecten el medi són reversibles a curt termini i es pot millorar substancialment la situació del parc. Els vehicles tot terreny i ara els terribles *quads* arriben amb la seua prepotència fins a les mateixes portes del Parc Natural, les cadenes de les quals són insuficients, de manera que se salten impunement la prohibició de seguir en vehicle de motor pel cordó litoral, cosa que afecta greument la nidificació arran de sòl d'ocells en perill d'extinció i altera les formacions dunars. La presència d'animals domèstics, gossos i gats assilvestrats, aquests últims molt abundants a causa de la proximitat de casetes i xalets, amenacen també la delicada reproducció d'aquestes espècies. És fonamental per al parc un centre d'interpretació amb guarda permanent, on el visitant puga trobar informació i que servisca com a punt de partida per a fer itineraris didàctics, ja que l'educació ambiental és imprescindible per a assegurar el respecte i la conservació per al futur d'aquestes fràgils parcel·les, tresors de biodiversitat, últims refugis per a moltes espècies els hàbitats de les quals, en el litoral mediterrani, ja han desaparegut.

Nom: El Prat de Cabanes-Torreblanca.

Superfície: 812 ha.

Comarca: la Plana Alta.

Municipis: Cabanes i Torreblanca.

Situació legal: Declarat Parc Natural en el marc d'Espais Naturals Protegits pel Consell de la Generalitat Valenciana. Decret 188/1988.

Clima: Mediterrani litoral mesotèrmic i semiàrid. Temperatura mitjana anual de 16,7°C i oscil·lació tèrmica reduïda com a conseqüència de l'efecte de la mar. Agost amb 24°C i gener amb 9,6°C de mitjana mensual. Precipitació mitjana de 447 l/m² amb una gran irregularitat interanual.

El Prat vist des d'una de les llacunes.

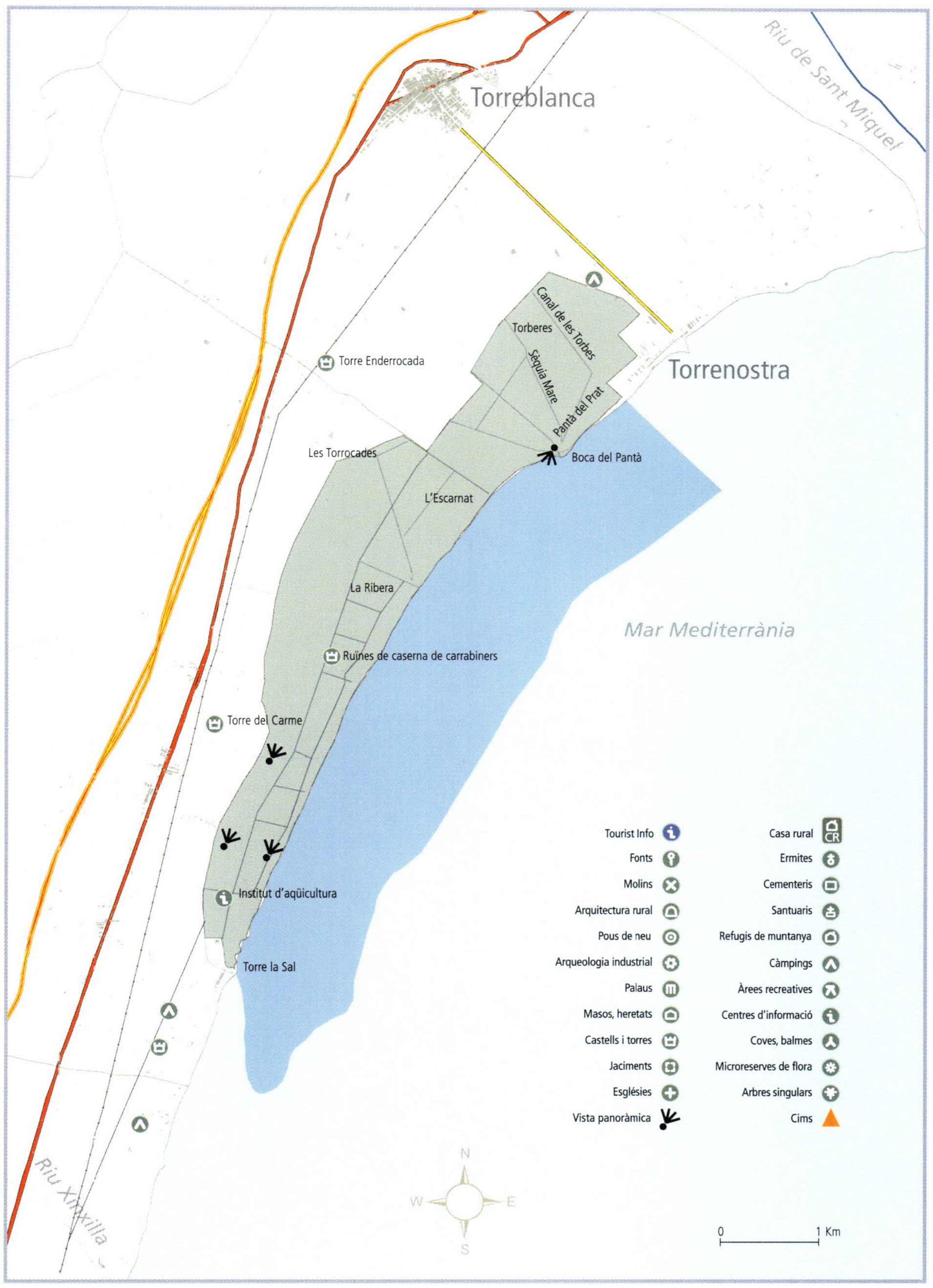

Litologia: Ventalls al·luvials deltaics i glacis amb marjal holocènica paral·lela a la costa. El cordó litoral està constituït per còdols aplanats i dunes fòssils. Més a l'interior apareixen llims orgànics de rebliment amb potències superiors als 4 m.

Itineraris: Sendes senyalitzades per l'interior del Prat des del centre d'interpretació (al costat de l'Institut d'aqüicultura) amb observatoris d'ocells. També poden fer-se rutes seguint el cordó litoral, tant des de Torre la Sal fins a les ruïnes del quarter de carrabiners com des de Torrenostra fins a la boca del pantà.

Referències cartogràfiques:

Mapes de l'IGN a escala 1:25.000, números 594-III i 617-I

Referències bibliogràfiques:

AA.DD. (1990): «La naturaleza de la Comunidad Valenciana». Apèndix a la guia *Parques y parajes naturales*. Ed. Generalitat Valenciana. Agència del Medi Ambient. *Levante*, Alzira.

Gómez Serrano, Miguel Ángel, Mayoral García-Berlanga, Olga i Domingo Calabuig, Jordi (2001): *Guía de la naturaleza de la costa de Castellón*. Ed. Antinea. Vinaròs.

IV.

L'Albufera de València

1 Introducció

El Parc Natural més emblemàtic del litoral valencià

L'Albufera és el paratge natural valencià més conegut, no solament pels valencians, sinó també per la resta dels ciutadans de l'Estat espanyol. La seua fama, quasi universal, és donada, principalment, per l'arròs i per la literatura de Blasco Ibáñez. Però, què és en realitat i quin és l'origen d'aquest bellíssim llac ubicat al sud de la metròpoli valenciana? L'Albufera de València es va formar, des d'un punt de vista geomorfològic, gràcies al tancament de l'antic golf de València, que va produir com a resultat l'aïllament d'un tros de la mar Mediterrània. Com afirma el mestre de geògrafs V. M. Rosselló (1995): «l'Albufera és una formació marinolitoral recent. Quasi tota la resta pertany al terreny de la hipòtesi. Fa 200.000 anys no és probable que hi haguera albufera, sinó, a tot estirar, un golf d'ignota penetració, resultat d'un joc de blocs camuflat per sediments posteriors». L'Albufera ocupava probablement, en el seu estat original, 31.000 ha. Ubicada al pla de València i emmarcada per elevacions que pertanyen bàsicament al Sistema Ibèric, l'Albufera constitueix una àrea geològicament deprimida.

Dos fenòmens naturals han influït en la formació i en el desenvolupament més recents de l'Albufera. En primer lloc, les aportacions fluvials sedimentàries de les conques dels rius Túria i Xúquer i de diferents barrancs (Picassent i Xiva o Torrent), amb descàrrega de materials de calibres fins com ara llims, argiles i matèria orgànica. En segon lloc, els corrents marins o de deriva que han afavorit la deposició de materials sedimentaris al llarg de la costa, que han donat origen al cordó litoral o restinga que hui coneixem. Sobre aquest cordó litoral s'estén el que anomenem la Devesa. Aquesta barra o restinga va aïllar l'Albufera de la mar fa aproximadament 5.000 anys. A pesar de tot, no hauria sigut possible res, tal com ho coneixem ara, sense l'estructura geològica del subsòl, compost per materials impermeables que, gràcies a aquesta característica física, van contribuir a l'aparició de la làmina d'aigua del llac.

L'Albufera és, actualment, l'espai natural litoral i de marjal que més bé conserva i mostra la simbiosi estètica entre espai geogràfic i activitats de pesca. Per molt tòpica que siga, una posta de sol a l'Albufera continua resultant cridanera, especialment els dies de tardor amb vent fort del nord, bé siga emmarcada pels aparells de pesca o retallada pels canyissos.

En l'actualitat, el Parc Natural de l'Albufera és un conjunt d'ambients diferenciats, però molt interrelacionats. En primer lloc, tenim el llac d'aigua o l'albufera estricta: una làmina d'aigües permanent (encara que en renovació constant i en connexió amb la mar a través de les goles, per les quals ix l'aigua), que coneixem amb el topònim, d'arrel àrab, d'Albufera, 'estany de nacre', com deia el romà Plini el Vell. L'Albufera és el llac més gran de l'Estat. Ocupa en l'actualitat 2.837 ha. Té poca profunditat (al voltant de 80 cm de mitjana i 2 m de màxima) i un diàmetre aproximat de 5 km.

La Muntanyeta dels Sants de la Pedra a Sueca, alliberada del depòsit d'aigües que n'embrutava el perfil, s'albira ara de manera més harmoniosa sobre l'horitzó de camps d'arròs.

La casa de Baldoví, bellament duplicada sobre les aigües d'una bassa de cultius d'arròs, en un capvespre de tonalitats suaus i grises. Les cases de la marjal, com aquesta de Baldoví, repeteixen l'esquema del mas o de l'alqueria: magatzems de ferramentes del camp, era per a l'assecatge de l'arròs, cotxera per a vehicles, casa d'estiu per als propietaris, casa de capatàs, caseta motor...

El segon ecosistema del parc és la restinga litoral, l'ambient més complex del conjunt. Hi podem diferenciar quatre subambients: la platja, el cordó de dunes davanteres, el sistema dunar intern i les mallades. El tram de restinga més cridaner és el conegut com Devesa: un sistema dunar compost per diversos fronts de dunes: els més exteriors, amb escassa cobertura vegetal; els més interiors, amb una gran densitat de vegetació. Entre els fronts dunars apareixen les mallades, saladars deprimits que s'inunden periòdicament. Aquest espai, juntament amb el bosc de Doñana i algunes zones del delta de l'Ebre, és un reducte únic de bosc al costat de la platja en tot el litoral occidental de la Mediterrània espanyola, que comprén una superfície aproximada d'unes 830 ha.

El tercer ecosistema és el format per la marjal, que fa de zona palustre en els voltants del llac. En la marjal podem distingir dos espais: el de la zona més marginal, formada per llims marrons i arenosos, i la zona més pròxima al llac, composta per llims negres d'albufera. En el conjunt de la marjal, el més cridaner són els camps o basses dedicats al cultiu de l'arròs.

Hi ha un quart ecosistema que, encara que poc significatiu en el parc, està representat en les suaus llomes dels Sants de la Pedra de Sueca i de Cullera, així com en el Cabeçol (on podem trobar l'estany de Sant Llorenç), al peu de la serra de les Raboses.

L'Albufera i els seus voltants ens ofereixen un clima denominat termomediterrani, és a dir, suau i agradable. El condicionament serà donat, a més, per la configuració plana i per la humitat elevada. Al llarg de l'any ens trobarem amb una estació seca a l'estiu, amb temperatures moderades i altes, a més de precipitacions escasses. La tardor i la primavera ens oferiran temperatures més moderades i precipitacions relativament abundants. A l'hivern les temperatures són moderadament baixes (pocs dies o cap per davall dels 0°C) i les precipitacions, de 430 l/m^2 de mitjana anual, són escasses. Quant a les temperatures, la mitjana és de 17°C, amb oscil·lacions d'11°C.

EL PAISATGE NATURAL

Espill d'aigua dolça entre els rius Xúquer i Túria

QUAN EL SOL DESAPAREIX PER PONENT darrere de la serra de Dosaigües i la de Martés, la làmina d'aigua de l'Albufera es converteix en l'espill del parc i reflecteix llums i colors. Si hi ha alguna cosa omnipresent en aquest paisatge natural és l'aigua dolça, que prové de rius, barrancs i ullals. L'aigua forma part dels paratges del parc en diferents llocs: en la densa xarxa de séquies, canals, goles i basses d'arròs; en el llac pròpiament dit i en els ullals o naixements. Quan els camps d'arròs s'inunden, totes les aigües es mesclen i formen un gran espill.

A més de l'aigua, ens cridarà l'atenció el paisatge, associat a dos dominis: el de marjal i el costaner o dunar. En el domini de la marjal, els canyars o canyissars es troben pertot arreu. Són també un acompanyant fidel en les visites al llac, que juntament amb la boga entapissen les mates allí presents. Entre els canyars, també viuen plantes com la jonca d'estany, el cridaner lliri groc i la trencadalla, planta d'origen oriental que, en la Mediterrània occidental, només trobem a l'Albufera. D'altra banda, en les basses d'arròs es desenvolupen, entre altres, plantes com el verdet (bioindicador excel·lent de la qualitat de les aigües), mentre que en els ullals resplendeix el nenúfar al costat de la llentilla menuda d'aigua. Una mirada a les vores de les séquies, les goles i els barrancs permet descobrir els àlbers i els salzes, que arriben a formar boscos de ribera aïllats. On la influència marina és més acusada són freqüents els tamarits, que han colonitzat les elevades dunes de la platja del Dosser a Cullera, les mallades i els baladrars.

En el domini costaner observem comunitats vegetals molt contrastades, com és el cas dels terrenys salobres en les mallades, o basses salobres que es formen darrere de la platja, on apareixen comunitats de plantes halòfiles. Hi predominen gèneres com la *Salicornia* i l'*Arthrocnemun*. En els sòls lleugerament salobres són comuns la jonca marítima i el jonc agut. També podem trobar, en els llocs que romanen inundats llargues temporades, l'espartinar, anomenat, impròpiament, borró.

Pel que fa a la vegetació de platges i dunes, una secció hipotètica de la mar fins a la marjal permet descobrir, en les dunes embrionàries i en les fixes, el rave de mar o la campaneta de mar. A continuació el borró, l'esplèndida safanòria de mar, l'alfals marí o la perlina blanca. Les dunes semifixes mostren, entre altres, la sempreviva o l'albaida. En les dunes fixes o estabilitzades trobarem la vegetació natural més evolucionada: el fals aladern, el llentiscle, l'esparreguera, el margalló i l'aritjol, i en les àrees més madures el pi blanc: el rei del paisatge vegetal dels arbres del parc.

Un dels molts exemples de convivència i complementarietat entre la figura de Parc Natural i les activitats econòmiques tradicionals es dóna, en aquest cas, en la coneguda imatge de gavines i agrons descansant sobre els pals que suporten i mantenen actives les xarxes de pesca.

Però la gran protagonista del paisatge natural és la vida salvatge animal. Entre els invertebrats podem descobrir les gambetes, els petxinots de sang, els escarabats o les libèl·lules. Criden també l'atenció les anguiles i els llobarros, encara que en l'actualitat les espècies més abundants són la llissa i la carpa. Són també abundants les espècies de dimensions menudes, però d'escates grans, com les gambúsies. Aquestes peixos, d'origen americà, van ser introduïts l'any 1919 per lluitar contra el paludisme o la malària

[Pàg. doble següent] Les barques amb vela llatina, silencioses i estètiques, van desaparéixer de l'Albufera arraconades pel motor, més pràctic. Actualment, diferents associacions de Silla i Catarroja, «Amics de la vela llatina», fan cada any un passeig entre els ports respectius. Allí es rememoren moments ja oblidats al llac, quan moure's pel seu interior, per anar de caça o de pesca, estava en mans del vent capritxós de la marjal.

[Baix esquerra] El borró, una de les gramínies que primer formen la vegetació de les dunes, sol estar acompanyat per altres espècies de flors cridaneres, com el lliri de mar o l'alfals marí.

i són els responsables del desplaçament i de la situació actual del samaruc, que, al costat del fartet, són espècies endèmiques, escasses i en perill d'extinció.

Pel que fa als mamífers, destaquen la rabosa, la mostela i el conill de bosc. Els mamífers més menuts estan representats per les musaranyes, diverses rates penades i els ratolins. L'espècie silvestre per excel·lència del parc és la rata d'aigua.

Entre els amfibis i els rèptils hi destaquen la granota verda, el gripau d'esperons, les

serps d'aigua, la serp de collaret, la serp blanca i la serp verda, la més espectacular, ja que pot arribar a fer dos metres de llarg. D'altra banda, entre les sargantanes cal esmentar la cua-roja, la cuallarga i la sargantana cendrosa, espècie endèmica mediterrània. Entre els dragons destaca el comú i també hi és present la bívia ibèrica.

No obstant això, el més cridaner i rellevant de la vida silvestre animal del parc és l'avifauna. L'Albufera, juntament amb els marenys del Guadalquivir i amb el delta de l'Ebre, acullen el 75% de les aus aquàtiques que viuen en tot l'Estat espanyol. Al llarg d'un any, podem observar-hi al voltant de 250 espècies diferents, de les quals quasi un centenar es reprodueixen al parc. A l'hivern resulta cridanera la quantitat d'ànecs que hivernen a l'Albufera, mentre que a la primavera i a l'estiu són molt importants les colònies de gavines i les limícoles que nien al Racó de l'Olla, a més de les colònies de garsetes que majoritàriament es desenvolupen al llac i a la Devesa.

Depenent de l'època de l'any i de les migracions, les espècies d'ocells varien. Entre els mesos d'octubre i de novembre, després de la sega de l'arròs i la crema del restoll, els camps tornen a omplir-se d'aigua i són colonitzats per milers d'espècies d'ànecs i gavines. Entre els ànecs de més interés estan l'ànec cullerot o bragat, l'ànec collverd, el sivert, el boix, el morell roget i l'ascle. Tanmateix, les fotges, en altre temps molt

abundants, s'hi han reduït en l'actualitat. És important, també, protegir algunes espècies d'ànecs durant l'època de reproducció, com és el cas de la rosseta, en perill d'extinció, i el boix, desaparegut com a ocell nidificant els anys cinquanta. També hi crien l'ànec collverd i el sivert. Però sobretot, hi destaquen les colònies reproductores de gavines i de xatracs d'albufera, que han vorejat les 6.000 parelles la temporada del 2002. També hi crien aus limícoles com la camallonga, i dos corriols, el menut i el camanegre. Finalment, del grup de les rapaces, l'arpellot de marjal hi predomina durant tot l'any, juntament amb l'àguila calçada i l'aligot.

[Dalt dreta] L'agró roig és un ocell esvelt de coll més llarg que el bernat pescaire. A l'Albufera el podem observar durant la nidificació els mesos d'abril a juny. Construeix els nius entre els canyissos i s'alimenta fonamentalment de peixos i d'insectes.

Patrimoni reial

L'Albufera la coneixem, documentada històricament de manera rigorosa, des del 1238. L'Albufera i la Devesa són un privilegi del rei Jaume I, per reservar-se aquests llocs com a patrimoni de la Corona. Molt després, Carles III va firmar una Reial Ordre l'any 1761, en la qual exigia la conservació, el bon règim i ús de l'Albufera i la Devesa, i puntualitzava tot el que era necessari per a la conservació i el respecte d'aquests paratges. A pesar de tot, el 1795, el botànic Cavanilles remarca que en trenta anys el llac s'havia reduït quasi a la meitat, fins a quedar una superfície de 8.190 hectàrees.

El 1865, l'Albufera i la Devesa van deixar de ser patrimoni reial i van passar a les mans de l'Estat, fins que, el 1927, l'Ajuntament de València les va adquirir. El 1962 es va autoritzar la redacció d'un Pla d'Ordenació de la Muntanya de la Devesa. També es produeix, per part de l'Ajuntament, la cessió de terrenys al Ministeri d'Informació i Turisme per a construir-hi el camp de golf i el parador de turisme que hui coneixem. El 1967 van començar les urbanitzacions, però l'Ajuntament va començar a vacil·lar davant de la pressió social i periodística. «El Saler per al poble» es converteix en una consigna de les associacions de veïns i de les forces polítiques de la transició. Com a conseqüència de tot això, el 1979 l'Ajuntament democràtic va convertir la Devesa i l'Albufera en lloc públic i de lliure ús per als ciutadans.

Al costat de l'evolució politicohistòrica, hi ha altres protagonistes, que són els que han deixat l'empremta més arrelada en la configuració del paisatge cultural de l'Albufera. En aquest sentit, destaca el cultiu de l'arròs. Aquest genera al seu voltant la iconografia més coneguda: inundacions per a dessalinitzar els camps i sembrar, tractors treballant la terra enfangada, terra llaurada i allisada per a la sembra, arrossars verdejants quan l'arròs brota, verd consolidat al juliol, dessecació per a combatre les males herbes, tonalitat daurada de l'arròs a l'agost, segadors collint l'arròs al setembre i a l'octubre i la crema del restoll que tanca el cicle anual.

Amb el descans de l'arròs, els tirs dels caçadors omplin el silenci de la marjal. Ells

L'arrosser, amb la saviesa heretada dels seus avantpassats, realça els marges que separen les basses d'arròs de la marjal perquè no perden amplària ni fortalesa. A la marjal de Cullera això s'anomena *fer murets*.

també aporten al paisatge la seua iconografia particular. La caça estava i està organitzada a través de les denominades tirades, i els llocs de caça són subhastats. En els vedats s'utilitzen els bocois (barrils de fusta) o les palissades de canyís on s'amaguen els caçadors. Però a l'Albufera no solament hi ha caçadors responsables, sinó també escopetes que no respecten la veda ni les espècies protegides.

Un altre element visual del paisatge l'aporten els pescadors. L'explotació del peix ha sigut una activitat econòmica *natural* a l'Albufera i l'aprofitament tradicional més important. Històricament, els impostos piscícoles constituïen la part principal dels ingressos provinents de l'Albufera que es generaven a partir del quint del peix (Jaume I va dictar un privilegi pel qual es concedia que qualsevol poguera pescar a l'Albufera a condició d'aportar la cinquena part del peix capturat), tribut que va estar vigent fins a la primera meitat del segle XIX. A partir del segle XVIII l'aprofitament agrí-

Pel que fa a l'aportació de l'arquitectura en el paisatge cultural de l'Albufera, aquesta està vinculada a les tasques del camp i edificada segons les necessitats dels pescadors, arrossers i llauradors en general, i dels propietaris en particular per motius d'oci. Les casetes d'era tenen la mateixa tipologia que les casetes de marjal, però vinculades especialment a les tasques relacionades amb el procés d'assecar l'arròs a les eres. Les casetes de marjal normalment són ubicades a la vora de les séquies principals, i algunes tenen un petit embarcador. S'utilitzen també com a re-

Les barques, els canals i els ports (com el del motor de Revisanxo en la fotografia inferior) són la imatge més cridanera i estètica del món de la pesca al llac. Darrere perviu tota una cultura ancestral bastant desconeguda, generalment, fins i tot per als valencians. Hui, amb el retrocés de la pesca per la contaminació de les aigües, moltes s'utilitzen tan sols per a atendre la demanda creixent de passejos generada pels turistes.

cola va començar a cobrar importància i la debilitat en el rendiment piscícola es va atribuir als rebliments per al cultiu de l'arròs. Durant la segona meitat del segle XIX, i a causa dels processos de contaminació industrial i urbana, va sobrevenir la forta crisi pesquera que encara hui pateix l'Albufera. De fet, les famoses anguiles i llobarros d'albufera quasi ni existeixen en l'actualitat, mentre que s'afavoreixen les espècies oportunistes com les llisses i les carpes. L'organització social del treball es va consolidar mitjançant les denominades comunitats de pescadors.

cer. Són les edificacions més abundants de la marjal. Les ermites complien la seua funció d'icones en el paisatge al llarg de tot el cicle anual. Els motors, situats dins de les cases de marjal, van provocar l'aparició de torres o ximeneres com a testimonis de l'evolució seguida respecte dels recursos energètics per a la utilització de llenya o carbó, i han sigut electrificats al llarg del segle XX. També trobarem a la marjal cases d'estiu dels grans propietaris arrossers, com la casa dels Catalans, la casa Baldoví, el Campot o el Tancat del Senyoret.

4 L'ALBUFERA hui

MITJANÇANT EL DECRET 89/1986 DEL 8 de juliol, que va ser anul·lat i tornat a declarar definitivament el 31 de maig de 1993, el Consell de la Generalitat Valenciana va declarar l'Albufera Parc Natural. El ciutadà corrent ja gaudia en llibertat, i amb anterioritat a la declaració, de les platges, dels pinars de la Devesa i del passeig amb barca per les aigües de l'Albufera. Per a ell, la declaració de Parc Natural va constituir una bona notícia. Hui continua qüestionant-se l'existència del parc o dels seus límits territorials per part de propietaris de terres afectades per la declaració, caçadors i amos de terra amb possibilitats de ser requalificada com a urbanitzable en l'espai litoral de les dunes.

Aquesta situació d'inestabilitat i de dubtes al voltant de la supervivència del paratge per part de les *forces vives* contrasta amb la importància internacional de l'espai humit del conjunt de camps d'arròs, marjals i llac de l'Albufera, accentuada amb l'ajuda milionària en euros a fons perdut que la Unió Europea destina, des de fa més d'una dècada, per a subvencionar els agricultors del parc davant de la pèrdua de rendes derivades de les limitacions que imposa als cultius la pervivència d'aquest paisatge.

El futur del parc passa per aconseguir mantenir les rendes dels agricultors propietaris, per un consens amb els caçadors pel que fa als períodes de caça i per campanyes serioses d'educació ambiental entre tots els afectats. El Parc Natural de l'Albufera, amb els seus valors gastronòmics, arquitectònics, antropològics i culturals, és un d'aqueixos espais naturals tan demandat en l'actualitat per tot el conjunt de la societat i pels nostres veïns europeus.

A pesar de tot, el parc s'enfronta amb problemes greus, especialment des de fa unes quatre dècades: pèrdua de sòl en la conca hidrogràfica; degradació de les aigües superficials a causa del desenvolupament urbà i industrial; transformacions agràries per l'aparició d'altres menes d'aprofitament molt menys intensives i rendibles amb un ús massiu de plaguicides i fertilitzants (més gran a l'horta que a l'arrossar); modificacions irreversibles de les primitives formacions dunars de la restinga a causa de l'avanç de la urbanització; desenvolupament urbanoindustrial accelerat amb planificació escassa o nul·la... El resultat? Entre altres problemes greus, un n'és el més cridaner: el caos biològic de les aigües del parc.

La *fanguejà*, procés de remoure la terra i deixar-la pastosa i en condicions per a plantar l'arròs, es fa mitjançant una gàbia o un aparell especial de ferro que s'adapta al semieix de les dues rodes posteriors del tractor. Les gavines busquen les restes de grans d'arròs entre el fang remogut.

D'altra banda, en la franja litoral s'ha produït una degradació progressiva, ja que la planificació urbanística municipal no tenia en compte les més mínimes mesures de qualitat ambiental, i ha estimulat una ocupació forta i especulativa de l'espai i una qualitat global baixa del desenvolupament urbanístic. Així, s'ha produït la desaparició de part de les formacions dunars a causa de la construcció, del rebliment de mallades i de la urbanització d'alguns sectors de la Devesa mitjançant torres d'apartaments d'un impacte paisagístic molt greu.

No podem oblidar tampoc que les infraestructures viàries suposen una ruptura i una discontinuïtat entre els ecosistemes del parc. Les carreteres discorren per zones

L'amplitud de les panoràmiques ens recorda l'estany primitiu que era l'Albufera. Allà per novembre i desembre, i després de cremar la palla d'arròs, els camps s'inunden progressivament i una extensa làmina d'aigua domina el paisatge de la marjal i cobreix, fins i tot, una gran part dels camins.

fortament vulnerables (la franja de contacte entre la marjal i el cordó de dunes), i les línies aèries d'alta tensió que creuen la marjal produeixen també un impacte paisatgístic molt greu.

Sembla que, per poder gaudir dels efectes positius de la declaració de Parc Natural el 1986, els valencians haurem de deixar avançar el segle XXI, ja que el 1992 el Tribunal Suprem va anul·lar la declaració de Parc Natural per defecte de forma. I així estem encara hui, tal com demostra la redacció, l'any 2002, del nou Pla Rector d'Usos i Gestió (PRUG), que permet la reducció de l'espai protegit, la construcció de cases rurals i d'hotels al si de la marjal, la fonamentació de séquies i canals...

Probablement el temps geològic acabarà fent desaparéixer aquest paratge humit excepcional tal com el coneixem en l'actualitat, però mentrestant, tot valencià conscient i que s'estima la seua terra té l'obligació moral de lluitar per la seua supervivència. Patrimonis naturals com el Parc de l'Albufera són un pulmó d'espais oberts absolutament imprescindibles per a mantenir la qualitat ambiental i de l'entorn dels nostres pobles i dels seus veïns, així com la millor manera d'aconseguir un desenvolupament econòmic que, en un futur que ja és present, valore els entorns paisatgístics i ecològics com una de les variables fonamentals. Que això siga possible depén de l'esforç col·lectiu del poble valencià.

Nom: Parc Natural de l'Albufera.

Superfície: 21.120 ha. D'aquestes, 2.837 ha corresponen a les aigües de l'Albufera estricta, de les quals unes 350 ha estan cobertes de mates de vegetació palustre.

Comarques: L'Horta Sud, la Ribera Alta i la Ribera Baixa.

Municipis: Albal, Albalat de la Ribera, Alfafar, Algemesí, Beniparrell, Catarroja, Cullera, Massanassa, Sedaví, Silla, Sollana, Sueca i València.

Situació legal: Parc Natural en el marc de la Llei d'Espais Naturals Protegits de la Comunitat Valenciana.
Forma part de la proposta del Govern Valencià per a ser inclòs en la xarxa europea Natura 2000 de Llocs d'Interés Comunitari (LIC).
Zona d'Especial Protecció per a les Aus (ZEPA), a més d'estar inclòs en el conveni RAMSAR de protecció de zones humides i, des de l'any 2002, forma part del Catàleg de Zones Humides del Govern Valencià.

Clima: Del litoral meridional. Temperatures suaus a l'hivern i molt elevades a l'estiu. Pluges concentrades a la tardor i a la primavera, amb una sequera estival marcada. Les precipitacions amb prou faenes superen els 450 l/m² de mitjana anual.

Litologia: Materials al·luvials i col·luvials, transformats pel regadiu i dipositats sobre una depressió tectònica resultant de l'orogènia alpina reblida per materials quaternaris. Tot el conjunt està separat de la mar per un cordó de dunes o restinga.

Itineraris: Hi ha una sèrie d'itineraris (Na Molins, els Tancats, el Port i el Racó de l'Olla) senyalitzats al si del Parc Natural per poder fer passejos a peu o amb bicicleta per la marjal. El millor per a gaudir-ne de l'avifauna són els observatoris pròxims al centre d'informació del Racó de l'Olla (al costat d'una exposició permanent sobre el conjunt del parc, que inclou pantalles on es projecten imatges en temps real de les zones més delicades de reproducció de l'avifauna, on s'alçaven les quadres de l'hipòdrom del Saler).
L'Ajuntament de Cullera ha editat una sèrie d'itineraris que cobreixen una part del Parc Natural que pertany al seu terme municipal, i ha condicionat l'ermita dels Sants Abdó i Senén com a museu.
D'altra banda, tant en el port de Silla com en els de Catarroja (que ha sigut reformat) i el Palmar els pescadors ofereixen passejos amb barca pel llac.

[Dalt] Un capvespre reflectit en les aigües de l'Albufera.

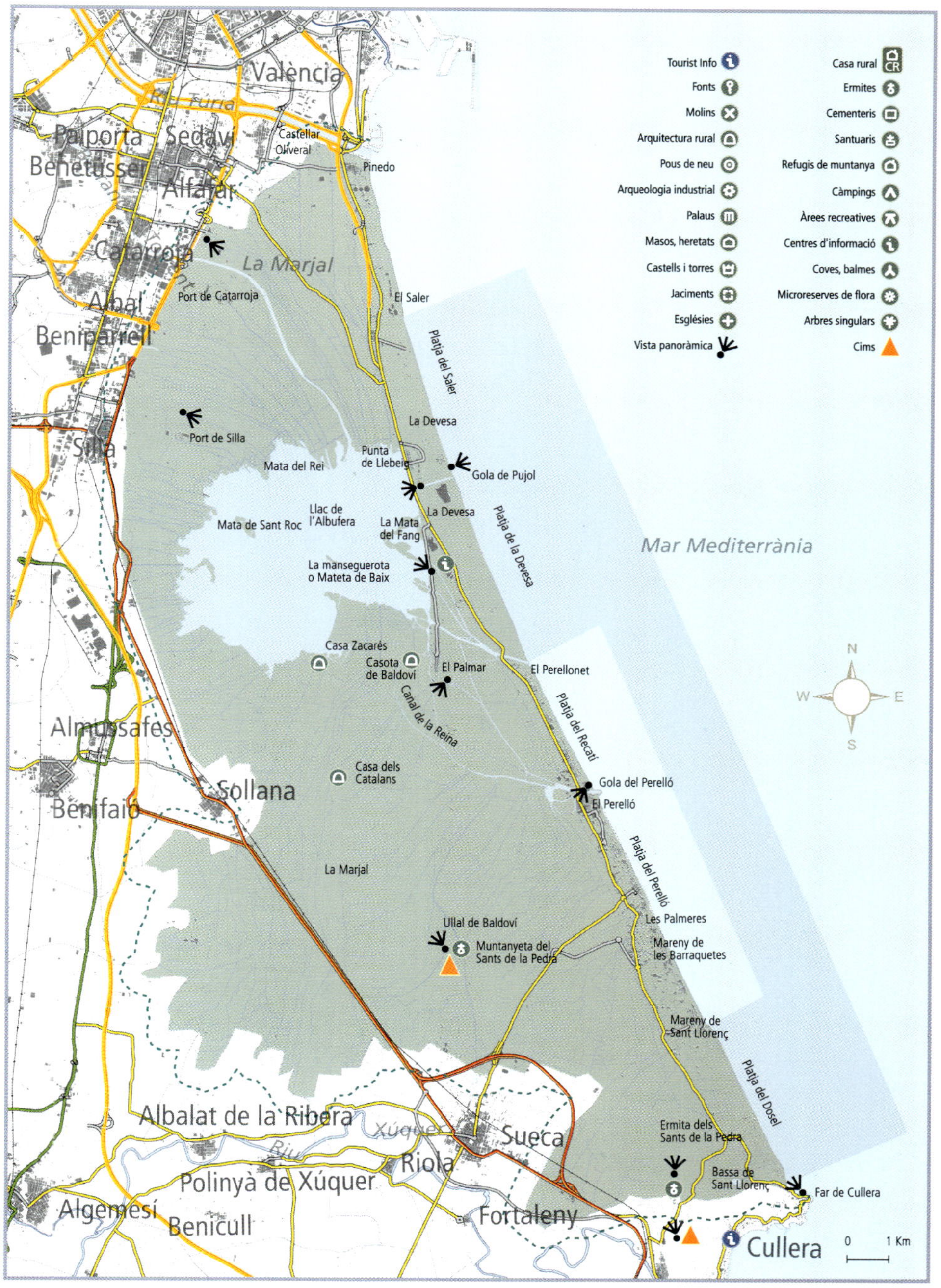

Referències bibliogràfiques:

Arazo, M. A. i Jarque, F. (1987): *L'Albufera*. Ajuntament de València. València.

Carretero, J. L. i Boira, H. (1989): *Flora y vegetación de la Albufera de Valencia. Bases para su recuperación*. IVEI. València.

Fuster, J. (1993): *L'Albufera de València*. Edicions Bromera. Alzira.

Piera, E. (1988): *El cas de l'Albufera*. Conselleria d'Obres Publiques, Urbanisme i Transport. Generalitat Valenciana. València.

Rosselló i Verger, V. M. (1995): *L'Albufera de València*. Publicacions de l'Abadia de Montserrat. Barcelona.

Ull, M. A. i Giménez, M., coord. (2000): *El parc natural de l'Albufera*. Universitat de València. València.

V.
La marjal de Pego-Oliva

1 INTRODUCCIÓ
La gran marjal de la Marina i la Safor

QUAN ES VIATJA A LA COSTA VALENCIANA en direcció sud, entre Oliva i Dénia es descobreix cap a ponent que les valls de la Safor i de la Marina Alta s'obrin en direcció a la mar, i que les planes litorals, suport físic de les infraestructures i activitats humanes de la franja costanera, són el resultat dels materials arrancats a les muntanyes al llarg de la història geomorfològica més recent. Entre totes les marjals i antigues albuferes que s'han anat formant en aquest racó litoral, la marjal de Pego resulta la més cridanera de les que s'estenen entre la muntanya de les Raboses a Cullera i el Montgó a Dénia.

L'actual marjal de Pego-Oliva té a l'origen, en comú amb gran part dels aiguamolls litorals valencians, una configuració d'albufera. L'antiga badia litoral, a través de les aportacions de materials arrossegats per rius i barrancs i pels corrents marítims litorals, va quedar tancada per una restinga o barra d'arena que va originar, en primer lloc, una albufera. A poc a poc, aquesta albufera ha anat reblint-se amb terres provinents de les serres bètiques valencianes més pròximes: les de Safor-Almirall, Foradada-Almiserà, Almudaina i Gallinera-Mostalla pel que fa a l'entorn d'Oliva, i Cavall Verd, Recingle, Migdia i Segària pel costat de Pego. Aquests materials sedimentaris es van anar dipositant sobre una base calcària en què hui trobarem argiles bàsiques en la part més profunda, les quals aporten a la marjal la impermeabilitat que explica l'existència de la làmina d'aigua que la inunda tota cada vegada que plou. Damunt s'estén una altra capa arenosa i sobre aquesta la torba coberta per materials més o menys argilosos arrossegats fins a la marjal en èpoques recents per la rambla Gallinera, els rius Bullent i Molinell, i diverses rambles i

El tamarit és un arbre que resisteix com a testimoni d'antics boscos menuts que es trobaven al terreny hui ocupat per la marjal. Devia formar llavors boscos de ribera acompanyant els principals cursos fluvials que abasteixen la marjal. El tamarit acompanya el curs del Bullent fins a zones molt pròximes a la mar.

barrancs de menys entitat hidrològica. Dins d'aquest procés global, la formació estricta com a marjal, tal com la coneixem en l'actualitat, es va produir fa uns 3.000 anys.

En cap altre lloc del territori valencià, l'aportació de terres arrossegades des de les pròximes muntanyes litorals per la pluja al llarg de tot l'any té les característiques de la marjal de Pego-Oliva i els territoris dels voltants. A la zona de Pego en concret (i de gran part de la Safor i de la Marina Alta), i atesa la línia muntanyosa que avança de ponent a llevant, es crea una barrera enfront dels humits vents de tramuntana i de gregal, de manera que es produeixen pluges fortes, especialment a la tardor, a causa del que popularment es coneix com a gota freda, que sumen una mitjana de més de 850 l/m^2 anuals (hi ha hagut anys en què ha plogut més que en el nord humit de la península Ibèrica). La pluviometria marca, d'aquesta manera, diferèn-

[Pàg. anterior] La marjal de Pego-Oliva vista des dels últims contraforts de la serra de Mostalla, en un any de pluges generoses i emmarcada, al fons, pel Montgó i pel peculiar perfil de la serra de Segària.

En les parts més profundes del parc, i per tant inundades habitualment, criden l'atenció les formacions de canyissars, amb el canyís i la boga rivalitzant per dominar el paisatge. És la zona més pròxima al recorregut de l'actual autopista A7.

Els canals, les séquies i les basses d'arròs sobreïxen d'aigua en els anys de pluges abundants, un fet bastant habitual en aquestes terres de les comarques de la Safor i la Marina Alta.

cies respecte de la resta del territori valencià. Però no les temperatures, que són semblants a les de la resta del litoral. Característics de la marjal són els estius calorosos i secs i els hiverns de temperatures suaus, que han convertit aquest tram litoral en punt d'atracció turística indiscutible. Hi ha qui diu que, a la costa de la Safor i de la Marina Alta, l'estiu és molt llarg i la tardor i la primavera queden enllaçades per un hivern curt i imperceptible: «Sembla que no hi ha hivern», en paraules dels jubilats alemanys quan conten als seus compatriotes per què han decidit retirar-se per sempre a la Vall de Gallinera.

Com a resultat de la formació geomorfològica i de les precipitacions generoses, la marjal de Pego-Oliva és el cor d'un sistema hidrològic excepcional en el conjunt del nostre litoral. Del riu Bullent, canalitzat en part fins a la mar, es diu que és el més cabalós de tots els rius valencians, si atenem els escassos quilòmetres de longitud que té, ja que naix al Parc Natural mateix gràcies a una sèrie d'ullals localitzats en diferents racons de la serra de Mostalla. L'aigua brolla en aquestes fonts abundantment, no sols perquè plou molt, sinó també per la permeabilitat dels materials calcaris de les muntanyes que envolten la marjal i que permeten acumular molta aigua en els aqüífers i tenir el mantell freàtic quasi arran de superfície. Aquestes precipitacions extraordinàries generen, com a conseqüència, un lloc ric i generós en aigües d'una qualitat microbiològica molt alta, que es manifesten en la superfície mitjançant fonts, brolladors i naixements d'una bellesa exultant.

La riquesa d'aigües, al costat de la fertilitat de les terres sedimentàries quaternàries del nostre litoral, n'ha motivat l'explotació agrícola, per la qual cosa en l'actualitat hi trobarem una mescla interessant d'aiguamoll salvatge i un entorn cultivat, dos ecosistemes o ambients que, fins fa poques dècades, convivien en equilibri, i que ara pareix que es troben en conflicte. Però anem a pams.

2 El paisatge natural

Un jardí de lliris grocs

Quan ens acostem al paisatge natural de la marjal de Pego-Oliva, allò que es descobreix de primer, com en tota marjal litoral filla d'una antiga albufera, és la restinga litoral o barra d'arena que la separa de la mar. Dos cursos fluvials d'aigües abundants, el riu Bullent i el Molinell o dels Racons, trenquen i traspassen la restinga, de manera que s'hi permet el desguàs natural de les abundants aigües dels ullals i les fonts; es mantenen així el cicle i l'equilibri hídric en el parc, sense oblidar llocs emblemàtics per als habitants d'Oliva i de Pego com el copiós cabal d'aigua de la font Salada. La restinga, encara que no estiga en l'interior del perímetre de l'actual espai protegit, és un dels ecosistemes o ambients d'aquesta marjal litoral. Els altres ecosistemes, vinculats directament a les aigües, són, d'una banda, les xarxes fluvials dels rius, els brolladors i les fonts i, d'una altra, la marjal o zona humida, encara que també es pot parlar dels modestos contraforts finals de les serres de Mostalla i Segària com a quart ecosistema, en aquest cas muntanyós, del Parc Natural.

Sobre cada un d'aquests ecosistemes s'ha desenvolupat una vegetació específica. En les suaus muntanyes del parc, entre garrigues i males herbes, descobrirem l'endemisme conegut com a centàurea de Segària. Baixant cap al pla de la marjal, i a les zones inundades i de més profunditat, destaquen els canyars, amb les canyes i la boga rivalitzant per dominar el paisatge. Al costat del curs de les aigües, a les vores dels rius, canals i séquies de reg, creixen canyars amb mansega, així com comunitats nitròfiles menudes. També resulten rellevants en la superfície de les aigües de la marjal, especialment en les zones abandonades dels antics cultius d'arròs, les comunitats de plantes macrofites o de fulles grosses, de les quals s'han arribat a inventariar més de trenta espècies a la marjal de Pego-Oliva. Ara bé, el gran protagonista del paisatge vegetal de les aigües de la marjal, o almenys el que li dóna una tonalitat cromàtica més cridanera, és, sens dubte, el lliri groc: l'aiguamoll de Pego-Oliva és, probablement, el millor lloc de tot el territori valencià per a delectar-nos amb la seua presència, sobretot a la primavera, època en què floreix.

Però, com en qualsevol aiguamoll, el gran valor ambiental de la marjal correspon a l'avifauna. Sense ànim de ser exhaustius, en tot el conjunt del parc podem trobar des d'espècies com la judia, que, segons sembla, només nia en aquest paratge, fins a l'àguila pescadora en les seues visites esporàdiques a la recerca de menjar. A més, podem també contemplar el teuladí de canyar, el cabrellot,

[Dalt] El fumarell de galta blanca nidifica en algunes marjals d'aigua dolça superficial de les nostres zones litorals. És un ocell típic de marjals de canyissos i joncs. Sent predilecció pels arrossars, i és molt sensible a les variacions en el nivell de l'aigua durant el període reproductiu.

[Baix] El gomet és un agró menut i una de les espècies rares que viuen a la marjal. Prefereix zones humides amb canals amplis d'aigües superficials on poder pescar i capturar vertebrats aquàtics menuts o larves d'insectes.

[Dalt] Els intents de dessecar la marjal han sigut constants: primer amb el cultiu de l'arròs i més tard amb les explotacions de cítrics.

[Baix] La marjal des de l'ombria del Moro a la serra de Segària, un any de precipitacions abundants que hi van fer perdre la collita de cítrics.

[Pàg. següent] A més de la contemplació de les làmines d'aigua, des de la marjal de Pego-Oliva es pot observar, retallant l'horitzó, el Montgó i la serra de Segària.

A l'inici del mes d'abril comença la floració del gran lliri groc. Encara que passa desapercebut durant gran part de l'any, la seua floració ens demostra que domina als marges de les zones inundades de la marjal. Com altres espècies vegetals d'aiguamolls (canyissos, joncs i vogues), serveix d'hàbitat per a nombroses aus, i els proporciona recer entre les fulles i aliment amb les seues càpsules. Altres espècies vistoses són el botó d'or, el tamarit i el violer marí.

el fumarell galtablanca, el gomet, el tifort, el corriolet, la xitxarra mostatxuda, la camallonga, el cabusset, l'agró blanc (del qual han arribat a criar 30 parelles en el parc), l'oroval, la rosseta...

En les aigües de la marjal, les de més alta qualitat fisicoquímica del nostre maltractat litoral, viuen espècies com el carpí, el barb, la perca americana, la carpa, la gambúsia o la bagra. Mereixen una atenció especial el samaruc, el llobet comú, l'agulleta de riu i l'espinós, reintroduït a l'octubre del 2002. També trobarem a les aigües del parc, o als rius que connecten la marjal amb la mar pròxima, espècies com la llissa, el gobi d'arena i el llobarro. I els invertebrats aquàtics? Hi pul·lulen el caragol d'aigua *Chondrina gasulli* o el *Psilunio gandiensis*, un invertebrat aquàtic endèmic de les marjals de la Safor i de la Marina Alta.

Així mateix, rèptils com la tortuga d'aigua europea i la tortuga d'aigua ibèrica, la serp d'aigua i la serp verda tenen el seu hàbitat en aquest paratge.

Però un passeig assossegat per la marjal ha de tenir també en compte la possibilitat de la presència de mamífers com la rata d'aigua, abundant fa temps a les riberes del riu Bullent i en l'actualitat bastant escassa, perquè ha de compartir el territori amb la rata comuna. I els últims anys, crida l'atenció l'augment considerable de la població de porcs senglars, així com de raboses i d'eriçons, a més de les rates penades, tant de les comunes com de les de cova, el curiós vol de les quals es pot contemplar a poqueta nit.

Pescadors, arrossers i artesans de la boga i la canya

La presència humana a la franja litoral on s'estén la marjal de Pego-Oliva està documentada des de molt antic. Són molt coneguts els jaciments arqueològics del paleolític (al voltant de 15.000 anys aC), com els de la cova del Parpalló a Gandia, el jaciment del neolític (al voltant de 4.000 anys aC) de la cova Fosca d'Ondara, el poblat ibèric de la serra de Segària o la necròpolis ibèrica d'Oliva. No obstant això, sembla que l'arribada dels colonitzadors romans no tingué una incidència notable a la marjal. En canvi, sí que tenim notícies dels àrabs que van introduir el cultiu de l'arròs a l'aiguamoll cap a les acaballes del segle x, per poder atendre l'augment de la població dels voltants de Pego.

L'arribada de les tropes de Jaume I el 1244 va canviar la propietat de la marjal, que va passar a les mans dels conquistadors cristians, els quals, amb les seues conegudes donacions territorials, controlaven políticament el territori. Està documentat que, l'any 1279, la carta de poblament de Pere III concedeix privilegis al justícia i als jutjats de Pego per a poder construir séquies i traure el millor profit possible a l'aigua, a les pastures i a la pesca de la marjal. Altres dades importants en la seua evolució històrica ens situen en el 1403, quan es prohibeix el cultiu de l'arròs per evitar la proliferació del còlera i del paludisme. Turbulent va ser també el període, que cobreix més de dos-cents anys d'història de la marjal, comprés entre el 1495 i el 1699, ple de constants plets contra comtes i marquesos d'Oliva, Dénia i Gandia amb l'objectiu de defensar les transformacions agrícoles i la pesca dels aiguamolls. L'expulsió dels moriscos el 1609 va donar peu a la colonització de la part de la marjal de la zona del riu Molinell. D'altra banda, el fet que hui Pego no tinga franja de mar al seu terme municipal té una arrel històrica ben coneguda, ja que, el 1722, el duc de Gandia atorga als pobles d'Oliva i de Dénia la defensa i vigilància de la costa de Pego, els habitants de la qual, en sentir-se protegits de les incursions dels pirates barbarescos, van decidir no col·laborar-hi i, com a conseqüència, en el moment de la divisió administrativa posterior, aquesta població va quedar fora del repartiment de la línia de costa.

Per fi, la regularització legal de les aigües de la marjal es va produir entre el 1746 i el 1778, encara que les dades més rellevants pel que fa al cultiu de l'arròs es produeixen l'any

La qualitat de les aigües, al costat de la bellesa de certs racons de la serra de Mostalla i de la Muntanyeta Verda, són un decorat perfecte per al gaudi dels veïns de Pego i d'Oliva.

1805, quan una Reial Ordre autoritzava oficialment el cultiu de l'arròs i n'ampliava els límits. Però no va ser fins als anys 1839 i 1848 que es va començar amb el cultiu modern de l'arròs a partir de la concessió, per part de les famílies més adinerades, dels cabals dels rius i de l'obertura d'una xarxa de drenatge.

Ara bé, pel que fa a la superfície cultivada, un cúmul de circumstàncies històriques, tant nacionals com internacionals, van influir en el grau d'extensió des de l'any 1886, en què es van cultivar 286 ha, fins als anys compresos entre el 1974 i el 1977, en què se'n va aturar la producció, ja amb tan sols 124 ha cultivades. Un exemple: el 1914, amb l'inici de la Primera Guerra Mundial, la demanda d'arròs va donar com a resultat l'extensió del cultiu fins a les 900 ha de superfície total de

Diversos brolladors alimenten el riu Bullent en el curs fins al Mediterrani. Algunes de les canalitzacions per al reg estan en desús. Els canyars dominen el conjunt.

la marjal, i va arribar a la màxima esplendor entre el 1920 i el 1930. Mai més no es tornaria a repetir el cas, si exceptuem el període de la Guerra Civil espanyola i els anys de l'autarquia fins al 1950. Després, la superfície cultivada va anar disminuint, de manera lenta però progressiva, fins a les ja esmentades 124 ha de l'any 1977.

Però la marjal estenia antigament el seu paisatge cultural més enllà de l'aiguamoll estricte, ja que la seua vegetació més cridanera, és a dir, la canya i la boga, es van utilitzar fins als anys seixanta del segle XX (encara hui s'utilitzen, però de manera testimonial) per a la fabricació artesana de diferents objectes i ferramentes, com les ben conegudes graneres o les canyes de diferents utilitats al camp i a la casa.

Al costat d'aquesta utilització artesana de part de la vegetació de la marjal, també han estat presents en el paisatge cultural de manera significativa, al llarg del temps, la ramaderia i els perfils dels pescadors als marges del riu Bullent i a les vores dels ullals i els naixements d'aigua.

4 La marjal de Pego-Oliva hui

Com més bé es pot gaudir en l'actualitat de l'entorn natural de la marjal de Pego-Oliva és caminant o passejant assossegadament amb bicicleta. D'aquesta manera, descobrirem llocs com el naixement del riu Bullent als peus de la serra de Mostalla, a més de les seues riberes plenes de vida, ja camí de la mar. Això sense oblidar la font Salada, un dels racons més agradables del parc i lloc de naixement d'aigües amb propietats medicinals (és com un balneari a l'aire lliure des que l'ajuntament d'Oliva es va dignar a *urbanitzar* l'accés a les aigües sanadores dels dos brolladors de la font). Un altre lloc digne de ser descobert és la zona de marjal estricta, que, en època de precipitacions abundants, pot trobar-se coberta d'aigües resplendents, i en la qual es poden intuir encara moltes de les antigues basses d'arròs o les més recents dedicades al cultiu de l'arròs biològic. Si visitem la marjal en època de sequera, només hi trobarem làmines d'aigua a la vora de l'autopista A-7. Ara bé, la millor manera de tenir-ne una visió de conjunt i dels seus diferents ambients serà pujant a qualsevol de les serres que tanquen la marjal per tramuntana (serra de Mostalla) o bé pel migdia (serra de Segària). Les panoràmiques que s'albiren des de les dues serres són d'allò més gratificant.

Actualment, a la marjal de Pego-Oliva està en producció experimental el cultiu ecològic d'algunes parcel·les d'arròs, gràcies a l'impuls de la Generalitat Valenciana, en col·laboració amb el grup arrosser Els Tancs de Pego. Es tracta de fer compatible la preservació del Parc Natural i els cultius d'arròs amb el cultiu ecològic de dues varietats d'arròs centenàries i autòctones de Pego (el bomba i el pegonil).

També podran descobrir els visitants actuals del Parc Natural una presència significativa de bestiar en l'interior de la marjal, concretament de braus de lluita i de ramats d'ovelles autòctones en perill de desaparició, com l'ovella de raça guirra, sudat o roja llevantina. Hi trobarem dos ramats d'aquesta espècie subvencionats per la Generalitat Valenciana. La presència del bestiar boví al si de la marjal de Pego-Oliva es justifica per l'excel·lent complementarietat que es produeix entre la seua supervivència com a espècies protegides, en el cas de l'ovella guirra, i el benefici que en produeix el pasturatge. En concret, i segons diferents investigadors, amb el pasturatge controlat s'està impedint el creixement desmesurat del canyar, de manera que s'aconsegueix la diversificació del paisatge.

Però hi ha també altres realitats que convé conéixer. La marjal és Parc Natural des

Alumnes d'un curs de formació de monitors de medi ambient, refrescant-se en les aigües netes del riu Bullent, molt prop de la parada de Sant Pere. Tot el curs del riu Bullent se'ns mostra com un lloc perfecte per a l'educació ambiental i l'esplai dels excursionistes.

de l'any 1994, moment en què també va ser declarada Zona d'Especial Protecció per a les Aus. Així i tot, la marjal no s'ha alliberat d'una problemàtica ambiental derivada de l'escassa informació que han rebut respecte d'això els veïns de Pego. Amb poques paraules, tot comença al final dels any setanta del segle xx amb un projecte de dessecació, per part de certes administracions públiques, que incloïa una densa xarxa de canals i punts de bombament d'aigües de subsòl, així com la divisió de la marjal en centenars

Després d'un dia plujós de primavera, és habitual veure joves d'Oliva distrets i camí de casa, després d'haver-hi pescat al riu Bullent, molt prop de la mar.

[Esquerra] Es poden comptar per desenes les característiques cabanyes de canya en la zona pròxima a la desembocadura del riu Bullent. S'utilitzen per a pescar tot evitant les incomoditats del sol o de la pluja.

[Dreta] La Font Salada d'Oliva és un dels racons més apreciats per les qualitats medicinals de les aigües. Dos brolladors, disposats de manera respectuosa amb l'entorn, donen pas a un gran toll d'aigües clares.

de parcel·les per a ser cultivades pels agricultors de la zona amb la promesa d'un títol de propietat que mai no van poder veure. Els canyissars es van transformar en tarongers, però una època de pluges abundants al final dels anys huitanta va acabar arruïnant els camps de cultiu.

Els llauradors es van sentir enganyats, i aquest ha sigut el caldo de cultiu pel qual, després de ser declarat la marjal zona protegida l'any 1994, no s'han pogut parar les transformacions iniciades el 1996 per iniciativa de l'Ajuntament de Pego, que, contra tota llei, ha transformat ja, fins ara, prop de 600 ha al si del parc. I tot això a pesar que, l'any 1996, gràcies als fons europeus d'un projecte Life, la Generalitat Valenciana havia comprat ja terres particulars perquè formaren part de l'espai protegit. Bombes extractores d'aigües del subsòl, amb la dessecació consegüent de la marjal en èpoques d'inundacions naturals, perill de salinització dels aqüífers, rebliments, ampliació de molts camins, destrucció de vegetació de marjal, mortalitats de fauna, impediment perquè nien espècies protegides... tots aquests, i més, han sigut els resultats d'unes dessecacions i transformacions de la marjal injustificades i fora de la llei que han mantingut, de manera negativa, el Parc Natural de la marjal de Pego-Oliva en boca de tots al llarg dels últims anys.

Nom: Parc Natural de la marjal de Pego-Oliva.

Superfície: 1.253 ha.

Comarques: la Safor i la Marina Alta.

Municipis: Oliva i Pego.

Marc legal: Parc Natural segons la Llei 11/1994, de 27 de desembre, de la Generalitat Valenciana.
Zona d'Especial Protecció per a les Aus (zepa) des de l'any 1994, a més d'estar inclosa en la Llista de Zones Humides d'Importància Internacional del Conveni de ramsar.
La marjal de Pego-Oliva ha sigut inclosa en la proposta del Govern Valencià per a passar a formar part de la xarxa europea Natura 2000 de Llocs d'Interés Comunitari (lic).

Prop de la desembocadura del riu Bullent.

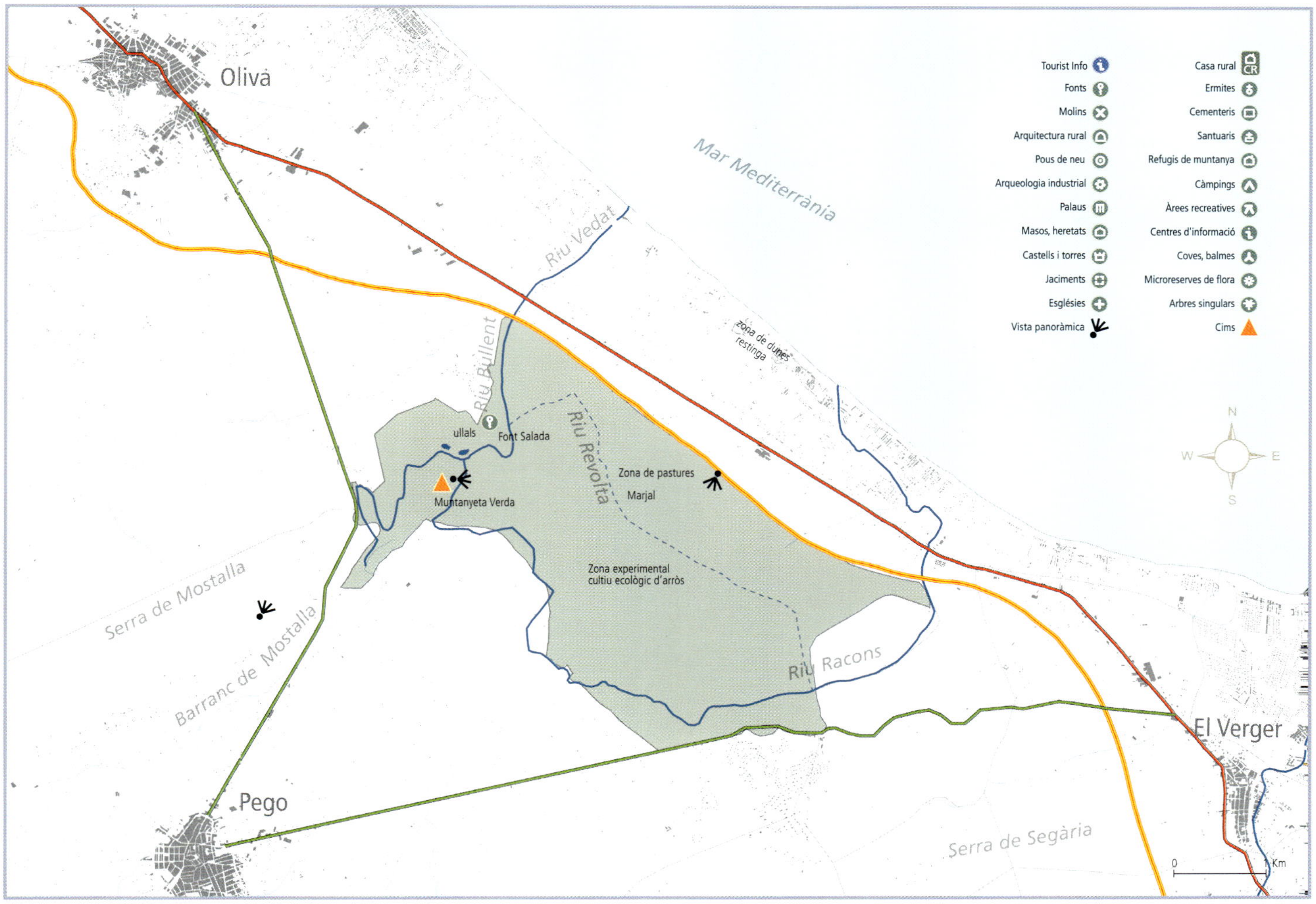

Clima: Del litoral meridional. Temperatures suaus a l'hivern i molt altes a l'estiu. Pluges concentrades a la tardor i a la primavera, amb una forta sequera estival. Les precipitacions hi superen amb facilitat els 800 l/m^2 de mitjana anual.

Litologia: Antiga albufera reblida, en part, per materials sedimentaris sobre un substrat calcari cobert per argiles bàsiques amb un gruix de quatre metres, que proporcionen la impermeabilitat de la marjal. Per damunt trobem una capa arenosa i un cobriment de torba.

Itineraris: A causa de la problemàtica ambiental, ja comentada anteriorment, no hi ha encara un centre d'informació i interpretació del Parc Natural que puga atendre les visites del públic en general. Una altra conseqüència és la inexistència d'itineraris oficials senyalitzats com els que es poden trobar en altres espais naturals protegits. A pesar de tot, qualsevol pot acostar-se fins a la font Salada, o bé vorejar el riu Bullent, passejar entre les basses d'arròs al si de la marjal o bé gaudir de panoràmiques impressionants des de les serres que tanquen la plana del parc (Mostella per tramuntana i Segària pel migdia).

Referències cartogràfiques: Mapes de l'ign a escala 1:25.000, números 796-iii i 796-iv.

Referències bibliogràfiques:

Urios, V., Donat P. i Viñals, M. J. (1993): *La marjal de Pego-Oliva.* Institut d'Estudis Comarcals de la Marina Alta. Alacant.

Urios, V. i altres (2001): *Ganadería y conservación de la biodiversidad en el Parque Natural del marjal de Pego-Oliva.* cibio. Alacant-València.

Viñals, M. J. (1996): *El marjal de Pego-Oliva. Estudio geomorfológico.* Generalitat Valenciana. València.

VI.
El Montgó i el cap de Sant Antoni

1 Introducció
El far petri de la Marina Alta

Considerat com una de les muntanyes més emblemàtiques de la Marina i, per extensió, de tot el país, el massís del Montgó, entre els termes municipals de Dénia i Xàbia, va ser declarat Parc Natural per la Generalitat Valenciana el març del 1987. Aquesta extensa porció de terra que s'endinsa en la Mediterrània té la peculiaritat física de constituir, juntament amb el cap de la Nau, el Portitxol i les muntanyes de la Granadella, els últims contraforts del Sistema Bètic que arriben a la vora mateix de la mar i es prolonguen, seguint l'alineació bètica, fins a les illes Balears. La serra de Tramuntana, a Mallorca, seria la continuïtat geològica de tot aquest sistema muntanyós.

El massís del Montgó és visible, per l'aïllament i l'alçària que té, des de punts molt llunyans de la costa, i la seua magnificència i bellesa paisatgística han atret des de sempre propis i estranys, especialment turistes del centre i nord d'Europa que han convertit el litoral alacantí en la seua residència permanent. Una altra de les característiques del Montgó consisteix en la seua verticalitat, ja que arriba, a escassa distància del litoral, als 753 m sobre el nivell de la mar en el cim del cap Gros, la qual cosa permet, juntament amb l'orientació del massís, una gran biodiversitat d'espècies vegetals i nombrosos endemismes, tant exclusius com iberollevantins, xativins o dianicopitiüsics.

El cap de Sant Antoni i les Planes són la prolongació natural del Montgó fins a la costa, on formen un penya-segat de 163 m de caiguda en vertical sobre la badia de Xàbia. Tot el massís està constituït, fonamentalment, per materials del cretaci, calcàries compactes resistents a l'erosió, que formen escarpaments abruptes i barrancs profunds que destaquen sobre la resta de la costa i les zones planes limítrofs. També hi afloren margues del període albià a les zones més baixes, al nord i al sud, i materials margocalcaris a les proximitats del cim. En les Planes poden observar-se també argiles de descalcificació originades durant el quaternari. És precisament aquesta zona plana en què es conserven encara bones mostres d'arquitectura rural de pedra seca, la de més valor cultural i etnogràfic: barraques, cases, algun riurau, aljubs, forns de calç, trulls per al raïm, eres, corrals i molins, testimonis d'una vida d'esquena a la mar i molt vinculada a Xàbia. L'abundància de coves, perfectament topografiades per espeleòlegs valencians, ens parla també de la riquesa natural de la zona, i algunes, com la cova Ampla, la cova de l'Aigua o la cova Tallada, són de gran importància també per haver sigut habitades des de la prehistòria. Avencs freqüents, com el de la Plana Justa, el de la Fonteta o el del Migdia, entre molts altres, així com els fons marins, que també han sigut protegits

Diverses sendes permeten conéixer a peu el massís del Montgó en tota la seua extensió. Des del cim es contempla una magnífica panoràmica de tot el litoral i dels contraforts del Bètic valencià, que arriben perpendiculars a la mar.

[Pàg. anterior] La torre del Gerro presideix els primers penya-segats entre les Rotes i el cap de Sant Antoni.

Cim del Montgó. Les formacions de rascler i la carstificació són freqüents en tot el massís, especialment a les parts altes, on l'aigua de pluja dissol a poc a poc la roca calcària. Des de la creu de Xàbia s'observen tota la badia i els caps de Sant Martí, de la Nau i del Negre. La costa accidentada de Xàbia forma un paisatge de gran bellesa, alterat de manera brutal pel turisme en les últimes dècades.

sota la figura de Reserva Marina, ens donen una idea del món tan fascinant que s'hi pot descobrir.

El Montgó tanca pel sud el gran oval del golf de València i encapçala el domini Bètic. A les Rotes de Dénia s'inicia, a més, la zona de costa abrupta més compacta del litoral valencià. Tot el massís discorre d'oest a est, amb dues vessants ben diferenciades, l'orientada al nord i la solana, amb forts contrastos tèrmics i d'humitat. Aquesta situació fa que el Montgó marque una transició climàtica important, ja que, influïdes per la proximitat del mar, per l'orientació i per l'altitud, les pluges són ací més abundants que en la resta del territori valencià. Els vents del NE, que ocasionen la major part de les inclemències i dels temporals a la costa mediterrània, xoquen contra el massís i s'eleven bruscament, i així formen el típic capell de núvols en el cim o descarreguen en forma de precipitació, segons el grau de saturació. A Dénia s'arriba quasi als 700 l/m^2 anuals de pluja, i a Xàbia, als 600 l/m^2 anuals; una bona part d'aquestes pluges s'hi donen en episodis de gran torrencialitat.

Majestuós i imponent, el Montgó és una muntanya digna d'admiració que no ha passat desapercebuda per a ningú al llarg de la història. Hem de ser conscients del valor que té i protegir-la zelosament pel bé de tots. Allí, la presència de l'ésser humà i de la naturalesa s'han conjugat de tal manera fins fa uns anys que, com va escriure Josep Gisbert, «el més preat endemisme botànic es troba al costat de la fonamentació d'una muralla d'un assentament mil·lenari».

2 El paisatge natural

Dels fons marins al cim del Montgó

De les serres litorals valencianes, potser és el Montgó la més representativa per la immediata proximitat a la mar i pel fort desnivell que presenta. Però el Montgó no sols és únic pel vigor del seu paisatge físic, ni per la seua història humana, sinó també per la vegetació, la riquesa de la qual en varietat i endemismes li confereixen, juntament amb el cap de Sant Antoni i els seus penya-segats, un interés botànic de primer ordre en relació amb la flora europea. Botànics de tot el món, a més de Cavanilles i del sogorbí Pau, han visitat i estudiat el Montgó, aportant els seus coneixements i descrivint les rareses botàniques difícils de trobar en un altre lloc. Sense comptar molses i líquens, el catàleg florístic supera les 625 espècies de plantes.

El carrascar va ser, com en totes les nostres muntanyes litorals, l'estrat arbori del massís fins que va ser eliminat. En queden alguns exemplars dispersos prop del cim o en punts aïllats molt concrets, i el pi de repoblació amb què va ser substituït ha desaparegut quasi totalment a causa del foc, excepte en aquelles vessants o bancals abandonats, on creix amb rapidesa. Queden també garroferes, oliveres i ametlers en aquest mateix àmbit d'antigues zones de cultiu, però és el matoll que compon el coscollar, juntament amb el llentiscle, el ginebre, l'aladern, el margalló i l'arítjol, el que permet una mínima cobertura vegetal en les zones on l'erosió no ha eliminat totalment el sòl, seguits de romerars i matolls més clars en les vessants assolellades o sòls més degradats. Allà apareixen l'argilaga, el bruc, l'estepa negra i la sajolida. La vegetació rupícola presenta un gran interés, ja que algunes espècies són originàries de les Balears, com és el cas de la *Centaurea rouyi,* també present al penyal d'Ifac, i de la *Carduncellus dianius,* descrita per Webb i que és, probablement, una de les plantes més interessants del massís.

L'any 1990, botànics de Dénia van redescobrir un altre endemisme, la *Silene ifacensis,* que s'havia donat per desapareguda al principi del segle. Als penya-segats del cap de Sant Antoni, espècies com el fenoll marí o la sempreviva estan perfectament adaptades a aquestes dures condicions de salinitat i humitat elevada. Més allunyades de la vora i també en llocs amb inclinació molt accentuada, apareixen la ferradura valenciana i la roseta de penya. En les vessants de l'ombria, la savina, la *Sanguisorba ancistroides* o la *Sarcocapnos saetabensis* comparteixen espai amb espècies de vessants assolellades com el *Chaenorrhinum crassifolium* o el *Teucrium ifacense,* a més d'endemismes com el *Dianthus hispanicus.*

L'abundància de coves al mateix nivell de la mar es deu a la composició calcària del paratge i a la constant acció erosiva de la mar.

La naturalesa calcària i els fenòmens càrstics originen als fons submarins abundants amagatalls i clevills que donen lloc a l'hàbitat idoni per a espècies de peixos com la morena.

[Dalt] Vist des de les Planes, la mola pètria manifesta tota la seua grandesa.

[Esquerra] El far del cap de Sant Antoni i les Planes corona el penya-segat de 163 m de caiguda en vertical sobre la mar. Els materials del cretaci, fonamentalment calcàries compactes resistents a l'erosió, formen escarpaments abruptes i formacions geològiques violentes.

[Pàg. anterior] Cova Tallada. Aprofitada des de l'antiguitat, d'aquesta cova, situada entre el cap de Sant Antoni i les Planes, s'extreia la pedra tosca per a la construcció d'edificis nobles tant a Xàbia com a Dénia.

[Esquerra] El matoll mostra la imatge típica del pujasoques posat sobre la part alta d'arbustos menuts. En zones agrícoles se situa sovint sobre el mànec de les aixades, d'ací el seu nom popular de *cagamànecs*.

[Dreta] L'àguila de panxa blanca construeix els nius en estants de penya-segats de les serres litorals. Habita en zones de matolls, coscollars i pins. És una espècie sedentària, relativament freqüent al nostre territori i està estrictament protegida.

Dins dels límits del parc trobem espècies botàniques endèmiques i quasi exclusives del territori diànic, com és el cas de la ferradura de roca (flors grogues) i el card sant (blanca).

La biodiversitat del Montgó es fa extensiva als seus fons marins, la topografia submarina dels quals desvela diferents tipus de substrats i, per tant, distintes comunitats bentòniques. Aquestes comunitats, que estan sota les mesures de protecció establides pel Consell d'Europa, es componen de rodòfits calcaris, coral·lígens, clivelles i coves gairebé sense llum, comunitats infralitorals d'algues esciòfiles i praderies de posidònia. Associades a aquestes, una diversitat d'espècies estrictament protegides o protegibles com la gorgònia, la cigala o el mero. Al contrari que en l'exterior, la reserva marina s'ha vist augmentada, i ara abraça des de les Rotes, a Dénia, fins a la platja del Muntanyar, a Xàbia, però, no obstant això, continua sent insuficient el control de l'excessiva pressió humana, del furtivisme de bussejadors nocturns i de la presència massiva d'embarcacions d'esplai poc respectuoses.

Pel que fa a la fauna exterior, s'han catalogat 168 espècies de vertebrats, 92 d'invertebrats, 5 d'amfibis i 121 d'ocells, la qual cosa és un cens important per a la poca extensió del Parc Natural. Alguns ocells com l'àguila de panxa blanca, el xoriguer comú, el falcó pelegrí o algunes parelles de duc són dignes d'esment. Entre les gavines, el gavià argentat o la gavina corsa són els més abundants, i entre els rèptils, el fardatxo comú, la sargantana ibèrica o la serp de ferradura. Els mamífers estan representats al Montgó per la rata cellarda, el teixó, el ratolí de camp comú, la geneta i la rabosa, a més del porc senglar que, a pesar del poc espai disponible i de la pressió cinegètica constant, és també relativament freqüent.

3 El paisatge cultural

Simbiosi entre economia marinera i món rural

La presència humana en aquesta porció menuda del litoral mediterrani ha sigut constant i, la seua silueta, venerada des de l'antiguitat més remota. Dénia era ja una ciutat fa més de dos mil anys i el Montgó n'ha sigut la referència cultural i marinera al mateix temps. Com un far immens, navegants de tot el món s'han guiat per aquest i han fondejat en el port de la ciutat que, en època romana, quedava protegit pel petit tossal del castell. Però l'ocupació del Montgó es remunta molts milers d'anys enrere, fins i tot abans que els primers fenicis i grecs començaren a interessar-se comercialment per les nostres costes. Les restes arqueològiques trobades a les coves i als abrics rupestres al migdia del massís demostren una humanització intensa des del paleolític superior. A la cova Ampla de Xàbia, també anomenada del Tio Gil o del Montgó, s'han trobat puntes d'escotadura, considerades com les restes més antigues, encara que és durant el neolític quan se'n referma l'ocupació segons l'abundància de materials trobats.

El Bronze valencià també està ben representat en el mateix jaciment, i es troben empremtes d'aquest període al tossal de Santa Llúcia i a les Coves Santes, al costat del cap de Sant Antoni. Del quart mil·lenni abans de Crist s'han datat les pintures rupestres de la cova del Barranc del Migdia. Totes presenten caràcters simbòlics, motius geomètrics d'interpretació difícil o figures humanes molt esquemàtiques i de poca grandària. També hi van aparéixer vestigis arqueològics, com instruments de pedra i fragments de ceràmica que han permés datar-ne l'ocupació durant el neolític.

L'accés, com sol ocórrer en aquests santuaris prehistòrics, és molt difícil, i les pintures van ser descobertes pel Centre Excursionista de Gata el 1989. De la cultura ibèrica queden els poblats de l'Alt de la Benimaquia, al nord-oest del massís, on es van trobar àmfores fenícies, i el del pic de l'Àguila, amb abundants restes de ceràmica itàlica i d'una ocupació militar romana tardorepublicana posterior.

Amb l'ocupació romana, Dianium arriba a un desenvolupament urbà i comercial important, íntimament unit a la implantació d'una xarxa de vil·les rústiques que afecten la vessant meridional del Montgó. A la cova de l'Aigua es conserva una inscripció en llatí que deixa així constància de l'existència d'un destacament militar l'any 238, l'objectiu del qual consistia a vigilar la costa.

Molins fariners del cap de Sant Antoni. Confosos sovint amb torres sentinella, les construccions circulars, tan freqüents a les Planes i al cap de Sant Antoni, són antics molins de vent on es transformava el blat importat del nord d'Àfrica en farina.

Els àrabs es dediquen, en aquesta zona, al cultiu de figueres i vinya principalment i, després de la conquesta, durant les repoblacions de Dénia i Xàbia, s'estableixen a les Planes uns ermitans que van fundar l'orde de Sant Jeroni, i van construir el monestir en el lloc que ara ocupa l'ermita de la Mare de Déu dels Àngels. L'assalt i el saqueig del monestir per part dels corsaris de Bugia el 1386 va fer que es traslladaren, a instàncies del duc de Gandia, a dos nous emplaçaments, Sant Jeroni de Cotalba i Santa Maria de la Murta, a Alzira.

Del testimoni espiritual i religiós queden a més, en el Montgó, ermites precioses molt vinculades a les poblacions de Xàbia i Dénia: l'ermita de Santa Llúcia a Xàbia, l'ermita del Pòpul, datada el 1356 i de l'anomenat estil de conquesta, l'ermita de Santa Llúcia

La verticalitat tan acusada és la característica física més important del Montgó, sobretot per la proximitat al mar. La seua vegetació rupícola també té un gran interés, ja que les llavors d'algunes espècies originàries de les Balears han superat les cinquanta milles que separen el parc de l'arxipèlag.

La cova de l'Aigua, en els contraforts septentrionals del Montgó, és una cavitat d'origen càrstic que ha sigut modificada per l'home per aprofitar un brollador d'aigua. Les restes d'estructures islàmiques, la inscripció romana en una de les parets i les obres per al seu aprofitament agrícola en la colònia, demostren una ocupació de les vessants del Montgó molt antiga.

de Dénia, del segle XV, la de Sant Joan i la caseta del Pare Pere.

De l'arquitectura militar, al llarg de tot el litoral del parc, queda en peu la torre restaurada del Gerro, però de la torre de Sant Antoni i de la Mesquida no queden restes. La torre del Gerro, nom que sembla derivar de la forma de gerro que té, presenta dos cossos superposats i un escut tallat amb l'heràldica de Carles I. La posició privilegiada que té permet gaudir, durant la visita, d'una vista magnífica del Parc Natural i de l'accidentada costa de les Rotes.

Ja en el segle XX, i abans de la brutal especulació urbanística dels últims trenta anys, que ha desfigurat totalment les vessants del Montgó, és interessant ressenyar la creació de la Colònia, al juny del 1921. Amb la intenció de frenar l'emigració com a conseqüència de la caiguda del comerç de la pansa amb Anglaterra, l'Ajuntament de Dénia va elaborar un projecte de parcel·lació a fi de dedicar noves terres, de les quals era propietari, al cultiu del raïm de taula. Es van afeixar les vessants, es va construir el camí de la Colònia i, el 1925, la majoria de les parcel·les estaven cultivades. Però amb la crisi del 1929 i la caiguda de l'exportació, les parcel·les, cedides al seu dia en arrendament, van ser abandonades, encara que no totes van tornar a ser de titularitat pública, tal com estableix la llei en cas de quedar ermes. En algunes, durant els anys seixanta, els especuladors ja havien construït xalets luxosos sobre sòl que no era de la seua propietat, i els havien venuts a tercers. És en aquest moment quan comença el problema més greu i irreversible que actualment sofreix el Montgó: la pressió urbanística.

4 El montgó hui

Quan es tracta de fer un balanç sobre la situació actual del Montgó, quinze anys després de la seua declaració com a Parc Natural, les expectatives no són massa optimistes. Estem en una zona turística privilegiada pel clima i per la presència de la mar, on l'especulació urbanística mou milers de milions d'euros i desborda les mateixes polítiques municipals.

El massís del Montgó continua sent un focus de problemes i ni l'Administració municipal ni la població de Dénia mateix, llevat d'algunes excepcions, han sigut capaços d'assimilar la importància d'aquest enclavament privilegiat, tant per les característiques estructurals com per les biològiques, a més del que representa culturalment en tot el litoral mediterrani peninsular. El parc només es veu com un gran negoci a curt termini i no com un espai singular per la qualitat ambiental i paisatgística que té, el valor social de la qual és molt més important, i s'oblida que van ser aquests conceptes els que van atraure els primers turistes europeus. Ni tan sols una mirada al futur, una concepció intel·ligent de conservació, perquè el visitant continue seduït per aquesta parcel·la de la Mediterrània, és prou, i els problemes del paratge s'han anat agreujant durant els últims anys.

La pressió urbanística no sols tanca i ofega el Montgó, sinó que el converteix en una illa enmig d'una amalgama de carreteres, urbanitzacions i xalets, tots, per descomptat, amb piscina pròpia, a pesar del greu problema de l'aigua a la Marina. En el cor del parc mateix també es permet la construcció, si es compleixen els mínims de parcel·la exigits, de nous habitatges, com és el cas de les Planes. La Unió Europea estableix que, en tots aquells espais protegits inclosos en la xarxa Natura 2000, entre els quals es troba el Montgó, s'ha de disposar de «connexions eficaces entre hàbitats i zones naturals». Això no solament no s'ha complit al Montgó, sinó que, a més de l'ampliació del camp de golf de la Sella en l'àmbit del PORN, es rebutgen les propostes de crear un corredor biològic, l'únic possible, cap a Jesús Pobre i Gata, per enllaçar-lo amb la resta del Sistema Bètic i les muntanyes de la Marina. Sense aquest corredor, els animals i les espècies vegetals queden encerclats i sense possibilitats d'expandir-se, de manera que s'impedeix l'intercanvi genètic necessari entre vertebrats que, així, viuen com tancats en un gran parc zoològic. La usurpació de la propietat pública, gràcies al famós article 205, va permetre l'ocupació de centenars de parcel·les, en les quals impunement es van construir després xalets opulents que van ser venuts més tard a turistes anglesos i alemanys amb més capacitat adquisitiva. L'apropiació, també indeguda, de parcel·les de la Colònia que no van ser tornades i la requalificació constant de terrenys fan que la situació del parc siga hui difícil.

Punt de referència per als navegants des de la més remota antiguitat, el Montgó es troba greument amenaçat per la seua pròpia bellesa. Les construccions no han parat de créixer des que l'especulació urbanística va començar els anys cinquanta. Agreujada durant els últims anys, la construcció indiscriminada ha destruït definitivament i irreversiblement el paisatge que en el seu dia va atraure els primers turistes.

D'altra banda, els incendis forestals, provocats amb la finalitat de fer perdre el valor paisatgístic a la muntanya, han sigut constants. Els més virulents tingueren lloc el 1979, el 1994 i el 1999, anys en què van cremar 800, 600 i 450 ha respectivament, quan la superfície total del Parc Natural amb prou

Igual que fa 2.000 anys, el *Montgó* continua impressionant els viatgers des de la mar. La silueta inconfusible i la bellesa mediterrània d'aquest paratge atrauen turistes de tot el món, i han convertit Dénia en una de les ciutats més visitades i amb més qualitat de vida de tot el litoral valencià.

Els molinets de vent i les palmeres constitueixen perfils coneguts i repetits en les proximitats del parc.

[Dalt dreta] L'ascensió al Montgó resulta una excursió fàcil i gratificant, si bé la majoria dels visitants solen ser estrangers.

faenes arriba a les 2.150 ha. Uns altres problemes que afecten també el Montgó, encara que ja d'una transcendència menor, però que tampoc no poden oblidar-se, són el descontrol de visitants provocat per una pressió humana excessiva, i la pràctica del parapent en el cim, com està ocorrent últimament, amb els perjudicis afegits que aquesta activitat implica per als ocells rapinyaires, entre els quals cal destacar l'abandó, ja constatat, dels nius. Per si fóra poc, els animals domèstics que s'endinsen en el parc causen estralls entre la fauna autòctona, i la falta d'una guarderia mediambiental permanent i l'afegit dels dos camps de tir, pertanyents a Xàbia i Dénia, que s'ubiquen també en l'interior de l'espai protegit, acaben de rematar el cúmul de despropòsits.

Per a albirar un mínim d'esperança sobre el futur del Parc Natural del Montgó caldria, a més d'una acció política ferma, un canvi d'actituds, i potenciar un turisme responsable que permeta mantenir viva aquesta muntanya excepcional i que no passe a ser privilegi d'uns pocs. Punt de referència des de la més remota antiguitat, el Mont Kaon dels àrabs o el balneari mediterrani on els nòrdics viuen la seua jubilació daurada ha sigut, igual que la resta de les muntanyes de la Marina, víctima de la seua pròpia bellesa.

NOM: El massís del Montgó.

SUPERFÍCIE: 2.150 ha.

COMARQUES: la Marina Alta.

MUNICIPIS: Dénia i Xàbia.

SITUACIÓ LEGAL: Declarat Parc Natural pel Consell de la Generalitat Valenciana el 16 de març de 1987. Decret 25/1987.

CLIMA: Mediterrani litoral de transició entre la plana litoral plujosa i l'extrem meridional. Els vents de direcció est-nord ocasionen importants inclemències acrescudes per l'altitud i la proximitat a la mar. A Dénia s'arriba a 690 l/m² anuals de pluja, i a Xàbia, a 601 l/m², amb episodis de torrencialitat. Al cap de Sant Antoni, 528 l/m² anuals.

LITOLOGIA: compost fonamentalment per calcàries cretàciques. Hi apareixen també, en els estrats inferiors, margues i al cap de Sant Antoni, dipòsits al·luvials del quaternari.

Formes càrstiques als peus del Montgó.

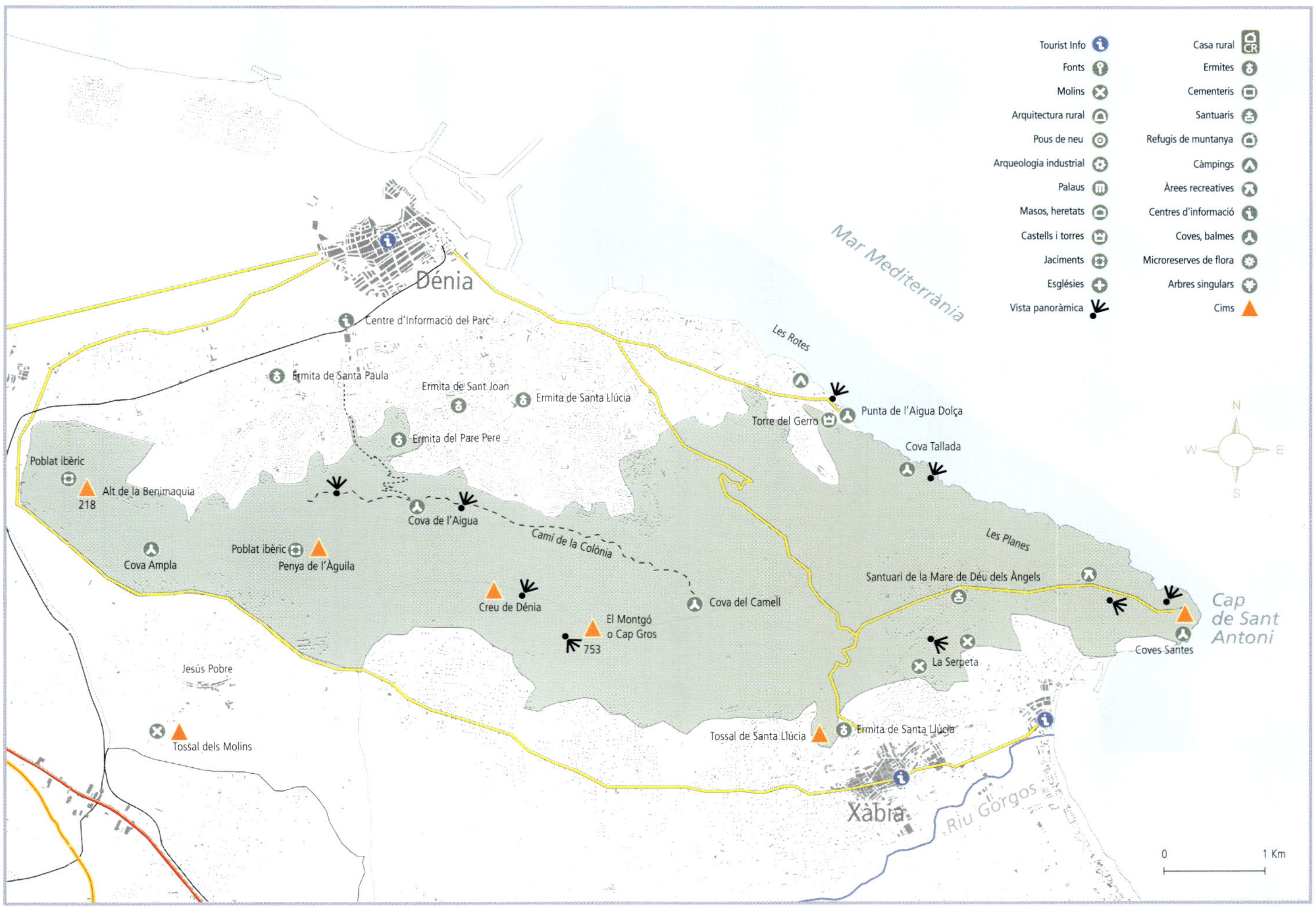

ITINERARIS: Sendes locals:

R.1 Cova del Camell-creu de Xàbia-creu de Dénia pel camí de la Colònia.

R.2 Ermita del Pare Pere-cova de l'Aigua.

R.3 Carretera de les Rotes-Torre del Gerro-Cova Tallada.

R.4 Far de Sant Antoni-Platgeta del Popa.

R.5 Ruta de la Creueta.

REFERÈNCIES CARTOGRÀFIQUES: Mapes de l'IGN a escala 1:25.000, números 822-II i 823-I.

REFERÈNCIES BIBLIOGRÀFIQUES:

AA.DD. (1991): *Parque Natural del Montgó.* Estudi multidisciplinari. Ed. Generalitat Valenciana. Agència del Medi Ambient. València.

ALMERICH IBORRA, J. M. (1999): *Rutas por el patrimonio cultural y natural de la Comunidad Valenciana.* Vol. II. Aitana. Ed. Centre Excursionista de València. València.

Escola-Taller Castell de Dénia (1993): *Rutas del Montgó.* Conselleria de Medi Ambient. 4 fullets de rutes. Dénia.

PELLICER, Joan (2002): *Meravelles de Diània.* Edicions del Bullent. Picanya.

VII.

El penyal d'Ifac

1 INTRODUCCIÓ
El sentinella calcari

EL PENYAL D'IFAC EMERGEIX DE LA mar i alça les seues parets calcàries, en un únic i vertiginós impuls, fins a culminar 326 metres més amunt. Sembla que la seua vocació inicial fóra la d'illa, però que en l'últim moment haguera decidit tirar una arrel –ben estreta– per continuar unit a les terres de la Marina. Com un solitari sentinella atalaia la mar, vigila Calp i acull als peus un port que va ser, fins fa poc, pesquer i solitari.

Ifac saluda ufanós les imponents penyes de l'Albir o serra Gelada al sud-oest i el cap d'Or o punta de Moraira al nord-est. Vist des del poble o des del port, se'n percep tan sols l'amplària reduïda i sembla la torre d'un castell de ciclops. Però, quan s'hi arriba des del nord i es contempla en tota la seua longitud endinsant-se en la mar, cobra caràcter de muralla. A pesar de tot, el Penyal és modest en dimensions. Des de la platja de la Fossa al nord, fins al Morret del Llebeig i el Carallot, no arriba als 1.500 metres. D'ample, molt menys. Però més de 300 metres d'alçària sorgint directament de la mar donen per a molt. Exigua illa que va preferir quedar-se a terra i desplegar en vertical la seua biodiversitat. Costa, mar, muntanya... de tot un poc és el penyal d'Ifac.

Singularitat geològica i geomorfològica del litoral, els seus valors paisatgístics es fan evidents a qui el visita, tant la monumentalitat de la silueta, perfilada sempre sobre un horitzó marí, com les panoràmiques que promet el cim. Però també atresora discretament altres riqueses: flora i fauna variades i adaptades a aquest món de penya-segats, parets i talussos. Així és el penyal d'Ifac o Ifac a seques, sentinella perpetu de la Mediterrània.

Ifac no està sol. Sembla contemplar-se en el Saladar veí, a manera d'espill que torna la imatge invertida. Les salines són una mena de mar en la terra; el penyal, un sentinella vertical calcari en la mar. L'entorn físic d'ambdós paratges és molt diferent: un aiguamoll salí i un promontori rocós litoral

A la llum obliqua del sol de ponent s'aprecia el tómbol prim que uneix el Penyal amb la Marina. Més arrere s'alcen imponents les penyes de l'Albir, també conegudes com a serra Gelada.

amb caràcter de muntanya autèntica. Però aquesta diferència s'ha d'entendre també com a complementarietat, com una riquesa i una diversitat més grans del conjunt. Tal vegada hauria sigut oportú plantejar la protecció conjunta del Penyal i del Saladar. És cert que, el 1987, quan es va declarar Parc Natural el primer, la connexió física entre els dos era ja escassa per les edificacions. Quinze anys després, una autèntica muralla de ciment aïlla l'un i l'altre de manera irreversible. Encara que s'ha perdut l'ocasió d'una gestió conjunta, no cal oblidar mai les Salines de Calp quan es visita el Penyal. El reflex de les seues aigües superficials, contemplat des dels camins rocosos d'aquest, és com una crida d'auxili perquè la societat

[Pàg. anterior] El sol de l'alba retalla la silueta del penyal d'Ifac, el sentinella calcari de la Marina, i tots els elements d'aquesta prodigiosa arquitectura natural es perfilen en la imatge: la mar, els talussos, el tómbol d'unió, les parets verticals i el cim.

Des de la localitat de Calp, les construccions s'estenen fins a envoltar les Salines i arriben al mateix peu d'Ifac: un model d'expansió turística que és necessari reconsiderar.

valenciana no s'oblide de l'espill en què es mira Ifac, hui rodejat de manera immisericordiosa per edificis i infraestructures.

La visita al Penyal està més que justificada per l'elevat interés tectònic, botànic, faunístic i paisatgístic. La posició estratègica que té ofereix vistes insospitades sobre el litoral de la Marina i, des del cim, es gaudeix d'una extensa mostra del sector diànic de les muntanyes bètiques (Montgó, Puig Llorença, Bèrnia, Aitana, Puig Campana) i, en dies clars, de l'illa d'Eivissa.

Per a entendre el penyal d'Ifac, cal recórrer a la seua història geològica i geomorfològica. Durant l'eocé es va sedimentar en la mar un gran paquet de calcàries de més de 300 m de gruix. Més tard, en el miocé inferior, s'hi van dipositar damunt margues amb alguns estrats arenosos i margocalcaris. Tots aquests materials sedimentaris van emergir en el curs de moviments orogènics de gran complexitat que van invertir la seqüència i van disposar les calcàries en la part superior.

El Penyal era una illa, separada de terra ferma per una badia d'aigües poc profundes. Durant el quaternari es forma el tómbol d'unió a partir del peu de mont de materials detrítics generat pel mateix penyal d'Ifac. L'*ombra* produïda per aquest en l'onatge va afavorir el desenvolupament d'una doble fletxa del tómbol o restinga que el va unir a terra i va convertir la badia en una espècie d'albufera o, més exactament, un estany del tómbol. La restinga més antiga és la meridional, formada per calcarenites eòliques plistocenes. El cordó de tancament septentrional és més recent i forma la platja de la Fossa, un espai arenós d'uns 300 m d'amplària.

L'estany es va anar reblint amb aportacions al·luvials de barrancs i sediments eòlics. En l'actualitat és un estany de menys de 30 ha, en avançat estat de rebliment i d'escassa profunditat. Ha sigut transformat en salines des d'antic, probablement des d'època romana. L'activitat, amb els seus habituals problemes de salubritat associats, es va interrompre el segle XVIII per a reiniciar-se al principi del segle XX fins a dates recents, que va tornar a abandonar-se. Es coneix com les Salines de Calp, el Saladar o el Tollo de Calp.

Un món organitzat en vertical

El paisatge del penyal constitueix un bon exemple de control litològic del modelatge, en el qual cada material dóna origen a una forma diferent. Les resistents calcàries originen escarpaments bruscos que, en les vessants sud i nord-est, se submergeixen en la mar com a penya-segats. A més, la calcària s'ha vist sotmesa a processos de dissolució que han esculpit el penyal en formes càrstiques, com estries o lapiaz que reforcen el caràcter abrupte del paisatge.

En les vessants nord i oest afloren les margues que, per la seua resistència inferior a l'erosió, es modelen en pendents més suaus. Les coloracions grises i grogoses són ben visibles a l'Escull o a la platgeta de Runa. Precisament en la zona de contacte entre les calcàries permeables i les margues impermeables de la vessant nord brolla la Font, un brollador sorprenent en l'interior d'una cova inundada.

El caràcter vertical, els forts pendents i el predomini de la roca han sigut decisius per a l'evolució natural i la utilització humana del penyal d'Ifac. Fragments de roca procedents de l'erosió dels farallons han format dipòsits damunt de les margues, i encara hui es produeixen de tant en tant despreniments. En aquestes condicions és fàcil entendre la pobresa i la fragilitat dels sòls. El Penyal, en definitiva, continua evolucionant condicionat per la seua pròpia personalitat.

La vegetació ha d'adaptar-se a aquest medi divers, vertical, rocós i pròxim a la mar. En les parets i els penyals es desenvolupa la vegetació rupícola, capaç de colonitzar clivelles, fissures i buits amb un mínim de sòl. Algunes de les espècies rupícoles són endemismes, com el timó terrer, el trencapedres d'Ifac, la ferradura de roca o la silene d'Ifac. Aquesta última s'ha convertit en símbol del parc pel seu caràcter rupícola i per haver sigut localitzada ací pel botànic francés Rouy el 1883. És considerada molt vulnerable i en perill d'extinció. Floreix entre març i el començament de juny, amb unes belles flors de color rosa o púrpura pàl·lid. Al territori valencià, es troba, a més, en altres serres del litoral de la Marina i també ha sigut descrita en onze punts més i illots d'Eivissa. Aquesta és tota la seua àrea de distribució mundial.

En la part mitjana i alta de la vessant septentrional, un poc més humida, es desenvolupa una vegetació arbustiva amb savina, aladern i margalló; en els tàlvegs i les zones de sòl més profund creixen grups de pi blanc, els troncs dels quals evidencien la violència dels vents dominants. S'han produït incendis forestals en aquestes àrees (diversos en les dècades dels setanta i els huitanta), alguns possiblement causats per l'impacte de llamps.

La proliferació excessiva del gavià argentat en tot el litoral mediterrani, que nidifica en llocs com el d'Ifac, resulta una amenaça per a espècies com la gavina corsa, ja que arriba a depredar els seus ous i pollets.

En les parts baixes de les vessants nord i nord-est domina la màquia de llentiscle i ginestó valencià, en la qual s'integren el lligabosc mediterrani, el càdec, la rogeta, etc. L'ampli catàleg florístic del penyal el constitueixen unes 400 espècies, agrupades pels especialistes en 35 associacions. Dues microreserves de flora protegeixen de manera específica algunes d'aquestes espècies.

La fauna de rèptils, amfibis i mamífers no hi és especialment abundant, atesa la poca grandària de l'enclavament i el seu aïllament total per àrees urbanitzades. Sens dubte, el

Vista aèria de l'escarpat vessant nord-est i del cim del penyal. Darrere de la població de Calp, la serra de Toix, ofegada per les construccions, es prolonga fins a la poderosa Bèrnia. I al fons, la corba suau de la badia d'Altea, protegida per les moles del Puig Campana i el Ponoig.

[Pàg. següent] En els penya-segats del vessant est d'Ifac, l'onatge perpetu ha llaurat la característica gruta o balma, amb la pàtina fosca a causa dels líquens. Uns grans blocs despresos per l'erosió, o per la lamentable explotació d'una pedrera, emergeixen de les aigües.

[Baix] Els troncs del pi blanc mostren la violència del vent dominant a Ifac.

En els penya-segats del Penyal abunda la canyaferla [dreta]. No obstant això, la silene d'Ifac [baix], descrita per primera vegada en aquest paratge, és actualment una espècie reintroduïda i en perill d'extinció. Tan sols es coneixen quatre poblacions entre el Montgó i el Morro de Toix.

La busquereta capnegra és un passeriforme menut, més petit que un teuladí. Habita en zones obertes de matoll de l'est peninsular, com és el cas del penyal d'Ifac.

màxim interés resideix en l'avifauna, ja que el penyal constitueix una àrea privilegiada de pas i de nidificació per a una cinquantena d'espècies, que complementa la important zona de les Salines, on és habitual observar flamencs. Alguns ocells són esquius, com els rapinyaires diürns (falcó peregrí, xoriguer comú) o els nocturns (xot i mussol). Altres ocells, com els agressius gavians argentats, han experimentat un augment espectacular, que tal vegada ha impedit l'assentament d'altres espècies.

Les mateixes parets que, a 300 m d'altura, configuren un paisatge de muntanya, es cabussen en l'aigua uns 10-20 m de mitjana, i arriben als 35 m en alguns punts. L'onatge ha erosionat una balma característica, d'un metre de profunditat aproximadament, que circumda el Penyal. També en aquest litoral escarpat la vida s'organitza en vertical. L'abast de les esguitades salines de l'onatge marca el límit superior de l'anomenat pis supralitoral, on el liquen *Verrucaria sp.* dóna una tonalitat enquitranada a la roca. Per davall viuen el cranc corredor, l'eriçó de mar i l'eriçó de sorra, el dàtil de mar, algues i fanerògames marines com la *Posidonia oceanica,* que només forma praderies davant de la platja de la Fossa, i ictiofauna abundant, que aprofita els refugis oferits per blocs i penyals, com la castanyoleta, la julia, serrans, llobarros i meros esporàdics.

3 El paisatge cultural

Habitar un gegant

La verticalitat i l'aïllament han sigut decisius en l'ús humà del penyal i en la formació del seu paisatge cultural. Les possibilitats defensives i la bona visibilitat sobre l'entorn sens dubte van animar els pobladors del primitiu Kalpe, instal·lat en la vessant on ara s'ubica el Centre d'Informació del Parc Natural. S'hi han trobat restes arqueològiques de l'edat del bronze i de l'època ibèrica. En el període romà, la població va descendir al pla. Al costat del Saladar, en els afloraments calcoarenítics fàcilment excavables, queden les restes d'una antiga factoria pesquera de garum –els Banys de la Reina– que va ser descrita per Escolano a l'inici del segle XVII. El 1795, Cavanilles va estudiar aquestes restes, juntament amb una vil·la romana pròxima, amb tècniques que ja poden qualificar-se d'arqueològiques.

En època musulmana es van aprofitar una altra vegada les condicions defensives i es va construir un recinte murallat en la vessant nord, les restes del qual són visibles en el camí d'ascens abans del túnel. Durant els segles XVI i XVII van ser freqüents els atacs de pirates barbarescos a la costa valenciana: una flota algeriana va devastar Calp el 1603. En el marc de la defensa litoral, la punta del Mirador de la Torre va ser emprada com a punt de vigilància. Cavanilles descriu com els sentinelles havien de superar mitjançant sogues els escarpaments rocosos per a accedir-hi.

El 1862, l'Ajuntament de Calp va vendre el Penyal, fins aleshores propietat municipal. Una anella més de la corrent desamortitzadora i privatitzadora que caracteritza la construcció de l'Estat burgés espanyol. El 1915, el va comprar un ric propietari de Gandia que va construir-hi una casa d'esplai i una altra per a l'encarregat de la finca, aprovisionades d'aigua mitjançant aljubs i una conducció enginyosa que arribava des de la Font. Sobre aquestes construccions s'ha alçat l'actual Centre d'Informació. El propietari va intentar, a pesar de l'escassa aptitud del terreny, una incerta explotació agropecuària, la qual testimonien algunes garroferes i els bancals de les vessants nord, nord-est i oest. Per a accedir a la part superior i introduir-hi bestiar cabrum, es va perforar, el 1918, el túnel, dotat d'unes portes sòlides. També es va traçar un camí espectacular amb notables obres d'excavació en la roca i de sosteniment amb maçoneria de pedra seca, que transita per la vessant nord-est fins al Mirador de la Torre; i un altre que rodeja la base de les parets occidentals.

En una cova amagada de la vessant nord-est encara roman una escàrpia coberta de ro-

Els Banys de la Reina eren una factoria romana per a l'elaboració del garum, excavada en els blans afloraments calcoarenítics pròxims al Saladar, que segurament s'explotava ja com a salina. La respectiva protecció com a jaciment arqueològic i com a zona humida hauria de ser suficient per a resistir la desmesurada expansió urbanística de la zona.

vell, clavada en una escletxa i amb una corda d'espart, on devia penjar el seu menjar frugal el cabrer del penyal o, tal vegada, el sentinella del segle XVIII encarregat d'atalaiar l'horitzó a la recerca de veles amenaçadores. De qualsevol manera, aquest vestigi del passat ens parla de les duríssimes condicions de vida que ni tan sols el privilegi de les albes contemplades des de les crestes d'Ifac podria compensar.

El cim del penyal d'Ifac: 326 metres d'ascensió que convé fer a poc a poc, assaborint els distints ambients naturals escalonats en vertical. Dalt, espera la recompensa de panoràmiques extenses: cap al nordest, el cap d'Or o punta de Moraira i el Puig Llorença.

El Penyal, ja s'ha dit abans, és muntanya, però també és costa, de manera que la pesca no en podia estar absent. En els penya-segats del penyal es coneixen almenys dues pesqueres de cingle, aqueixes audaces i fràgils instal·lacions per a la pesca, generalment nocturna, dels preats peixos de roca. Es tracta de la pesquera que, des del Mirador de la Torre, descendeix uns vertiginosos 220 m fins al Morret de Llebeig, l'extrem del Penyal més endinsat en la mar. L'altra és la pesquera del Barranquet, que discorre per la vessant nordest en un traçat no menys aeri fins a arribar a la mar. Per aquelles precàries instal·lacions de cables, estaques de fusta, escàrpies metàl·liques i cordes baixaven i pujaven –carregats amb el treballós botí– els pescadors. Ambdues pesqueres estan en desús des de fa anys. Ifac ofereix altres punts més accessibles per a la pesca de canya: les roques de la platgeta de Runa, de la Figuereta i de la cala Puça, que uneixen el Penyal amb la platja de la Fossa al nord; o els penyals que jalonen la vora des de la cala del Racó fins a la Cova: el cantal Pla, el Matxo, etc.

L'abundància de roca calcària de bona qualitat en va propiciar una extracció abusiva, fins al punt d'arribar, el 1957, a demolir amb explosius una gran cova marina per explotar-la com a pedrera. La pista d'accés que es va construir des del port, ara convertida en l'anomenat Passeig Ecològic, va degradar el paisatge i va desestabilitzar les vessants oest i sud, en les quals encara es produeixen solsides hui en dia.

En suma, els usos tradicionals i moderns que configuren el paisatge cultural del penyal d'Ifac han estat influïts, d'una manera o d'una altra, per la seua forta personalitat: refugi i torre natural de vigilància; corral immens per a unes quantes cabres i raquítica terra de cultiu; solitari punt de pesca; formidable paret d'escalada i mirador turístic; símbol paisatgístic; etc. A vegades com a limitació i a vegades com a recurs, el seu caràcter vertical, rocós, d'autèntica muntanya en la mar s'imposa inexorable.

4 El penyal d'Ifac hui

La història recent del penyal s'inscriu de ple en l'aposta pel turisme que s'ha fet per al litoral valencià. Per la seua proximitat a Calp i la facilitat d'accés relativa, així com pels obvis valors paisatgístics que té, Ifac ha arribat a ser un dels emblemes del turisme de la Marina i, al mateix temps, el seu ostatge. L'any 1959 va marcar, gràcies al Pla d'Estabilització, el final del somni –malson, més aviat– de l'autarquia i l'inici del desenvolupisme amb què el franquisme va dirigir una situació econòmica insostenible. Al turisme, se li va atorgar el paper de motor en l'entrada de divises, a més de generador de llocs de faena i de rendes. La posada en peu del gran negoci turístic no va estar subjecta a cap precaució mediambiental i ni tan sols a l'ordenació més elemental del territori. L'especulació i la cobdícia van ser patrocinades, si no protagonitzades, per les autoritats franquistes. La costa de la Marina és un trist exemple d'aquest procés.

Aquest 1959, precisament, es va començar la construcció d'un hotel en la vessant nord del Penyal, molt prop d'on es troba l'actual Centre d'Informació. Problemes financers van paralitzar l'obra el 1961 i les restes hi van romandre com una amenaça diferida, enlletgint el paisatge. El 1985, davant de la pressió urbanitzadora, el penyal d'Ifac va ser adquirit per la Generalitat Valenciana. Cent vint-i-cinc anys després de ser privatitzat, Ifac tornava a la titularitat pública, ara amb vocació de conservació i gaudi de la natura. El 1987 va ser demolit l'hotel, coincidint amb la declaració com a Espai Natural protegit. No obstant això, algunes runes no han sigut retirades i són visibles en l'itinerari dels Miradors de Llevant. És això normal en un Parc Natural?

El penyal s'ha salvat de moment, però les seues diminutes 45 ha d'extensió són a penes un illot en una mar de ciment. L'altura que té permet albirar les torres de Benidorm, els xalets ostentosos que humilien el Puig Llorença, les incomptables urbanitzacions sobre els secans d'antany i l'absurda muralla d'edificis que rodeja el Penyal i el separa separant-lo irremissiblement del Saladar. El contrast és brutal i ha de fer reflexionar a qui s'acosta a aquesta muntanya marina singular.

El túnel, excavat a l'inici del segle XX per a una incerta explotació agrícola, subratlla amb la seua foscor el trànsit des de la cridòria de Calp i les seues platges fins a la tranquil·litat de les vessants superiors.

La dominant dimensió vertical es deixa notar també en les activitats recreatives més modernes. L'estiu del 1955, Jordi Panyella *Pany* i Jordi Salas, dos escaladors catalans, traçaven el primer itinerari d'escalada en el penyal d'Ifac. En l'actualitat hi ha unes seixanta-cinc vies que configuren una zona d'escalada ben coneguda i valorada en el context nacional i internacional, ja que ofereix itineraris molt diversos –clàssics, esportius, d'alta dificultat– en un marc espectacular i que, a més, permet l'escalada hivernal. No hi són infreqüents els escaladors estrangers, portats fins i tot per agències especialitzades. L'escalada, convenientment regulada, continua sent un dels atractius del parc. Igual que l'altre Penyal submergit: els rics fons rocosos que freqüenten els bussejadors.

Sovint, la primera temptació del visitant és considerar el penyal d'Ifac tan sols com un

Calp ha sigut sempre un port pesquer important, arrecerat dels temibles vents de llevant per la mola vigilant i protectora del penyal d'Ifac, convertit, a més, en un punt de referència per a localitzar pesqueries i per a tornar a port.

mirador formidable. Sens dubte ho és, però no s'ha d'oblidar que és molt més. Quasi un petit món organitzat en vertical. Primer la mar, les comunitats vegetals adaptades a un ambient salí i els penya-segats evolucionant per la força de l'embat de les onades. Però és, a més, una successió escalonada d'ambients, cada un amb el seu tresor particular. En la part de dalt, en el cim, una vegada travessat el túnel, que reforça la impressió de penetrar en un regne diferent, es troba la vegetació modelada pel vent i, és clar, la immensa panoràmica. Des d'allà dalt, veient el dogal de ciment que se li ha imposat, es té de vegades la sensació que Ifac soltarà les amarres i tornarà a ser una illa com va ser abans... però, sens dubte, el gegant calcari deu tenir un afecte immens per la Marina i encara hi roman unit, per recordar-li el que van ser algun dia els seus paisatges.

Nom: Penyal d'Ifac.

Superfície: 45,5 ha.

Comarca: la Marina Alta.

Municipi: Calp.

Situació legal: Va ser declarat Parc Natural el 1987, a l'empara de la Llei 5/1975 d'Espais Naturals Protegits i reclassificat amb la Llei autonòmica 11/1994 d'Espais Naturals Protegits. Disposa de Pla Rector d'Ús i Gestió aprovat el 1993. Forma part de la proposta feta per la Generalitat Valenciana de Llocs d'Interés Comunitari per a formar la xarxa europea Natura 2000. Les Salines de Calp, pròximes, han sigut incloses en el Catàleg de Zones Humides de la Comunitat Valenciana.

Vessant nord-est d'Ifac.

Clima: Mediterrani característic del litoral septentrional alacantí. Les muntanyes bètiques el protegeixen de les borrasques atlàntiques, la qual cosa en fa disminuir la pluviometria fins uns 550 l/m^2 anuals. Els temporals de llevant eleven la torrencialitat d'alguns episodis plujosos, de manera que més del 40 % del total anual es concentra a la tardor. La temperatura és suau, amb una mitjana anual d'uns 17 °C. Les marcades diferències d'insolació entre les vessants sud i nord del penyal d'Ifac determinen condicions microclimàtiques molt contrastades.

Geologia: massís calcari litoral, pertanyent al sistema Bètic, format per calcàries eocenes i margues miocèniques. En els talussos que el rodegen i en l'istme d'unió hi ha materials detrítics quaternaris. Els sòls són molt escassos i de poc gruix, a causa de la gran verticalitat del conjunt i de l'aflorament del substrat rocós.

Itineraris: El Centre d'informació del parc proposa dos recorreguts: Miradors de Llevant i l'ascensió al penyal. A més, la pista que rodeja la base del penyal des del port de Calp ha sigut convertida en un passeig marítim denominat passeig Ecològic Príncep d'Astúries.

Referències bibliogràfiques:

Barber, Antoni (1999): *Contribució al coneixement florístic i fitogeogràfic del litoral de la comarca de la Marina Alta (País Valencià).* Ajuntament de Benissa. Benissa.

Barber, A., Guardiola, I. i Almenara, M. (1999): *Nits i peixos a les pesqueres de cingle.* Associació Cultural Puig Llorença. Pedreguer.

Faus, Alfredo (1987): «El Peñón de Ifac: un paisaje de vertientes», *Cuadernos de Geografía,* núm. 41.

Valera, Roy de (2001): *Peñón de Ifach. Guía de escalada.* Ed. de l'autor. Alacant.

VIII.

L'illa de Tabarca

1 Introducció

L'única illa habitada del litoral valencià

A mesura que el vaixell s'acosta des de Santa Pola cap a Tabarca, situada aproximadament a tres milles de la costa, la fisonomia singular de l'illa i la seua silueta murallada es perfila amb més claredat. L'església fortalesa destaca imponent sobre l'illa plana mentre s'identifiquen, a poc a poc, la porta d'Alacant, les muralles i les cases pintades de colors retallant l'horitzó. Els habitants d'aquesta illa, l'única poblada de tot el litoral valencià, són, majoritàriament, descendents de presoners genovesos que van ser alliberats a l'illa tunisiana de què va prendre el nom.

L'Illa Plana o de Nova Tabarca, tal com apareix en els documents històrics, és, en realitat, un arxipèlag menut constituït per una illa principal, l'Illa Plana o de Santa Pola, i els illots de la Cantera, la Galera i la Nau, juntament amb nombrosos esculls com el Negre, el Roig, el cap del Moro, la Sabata o la Naveta. L'illa principal té forma allargada, amb una grandària de 1.800 m de longitud per uns 400 m d'amplària màxima, però que s'estreny en forma de huit en el seu terç oest, a l'altura del port menut pel nord i la platja d'arena pel sud. Mentre que l'extrem oriental està totalment deshabitat i sense construccions, a excepció del far i del cementeri, a la part occidental i per tant la més pròxima a la península, es troba el poble, murallat completament, considerat com un dels escassos exemples a l'Estat espanyol d'arquitectura militar litoral, amb un conjunt urbà fortificat que va ser declarat d'interés historicoartístic el 1964.

Des del punt de vista administratiu, l'illa pertany al municipi d'Alacant, del qual la separen huit milles. Geològicament, forma part de l'extrem més oriental del Sistema Bètic, i presenta un llindar fusiforme limitat per fractures i emergit parcialment. Els materials de què està composta pertanyen al miocé superior i al període quaternari. Aquestes roques apareixen tectonitzades i fracturades, amb superfícies estriades i polides, un fenomen visible fàcilment a causa de la fricció entre els blocs. Les falles i les diàclasis són també més o menys evidents.

Tot el contorn de Tabarca apareix molt retallat, amb una línia de costa formada per penya-segats de pocs metres d'alçària. De fet, el desnivell màxim a penes hi arriba als 15 m sobre la mar. Té nombroses cales de còdols i l'única platja es troba a la zona de l'istme. Aquesta platja, en la base de la qual apareixen graves que afloren sobre l'arena, té una longitud aproximada de 250 m i una amplària mitjana de 5 m fins a la vora de la mar, i és molt freqüentada pels turistes durant l'estiu.

El clima de l'illa, molt marcat –com és lògic a causa de la influència marina i la insularitat–, pertany al tipus mediterrani sec, amb una temperatura mitjana anual de 17° C, unes màximes que arriben fins a

[Pàg. anterior] Litoral oriental de l'illa de Tabarca. Les costes baixes de roques i cantells, alternades amb cales menudes, són l'hàbitat ideal per a tot tipus de mol·luscos.

La zona rocosa emergida de la costa, però sotmesa a un onatge constant, es troba entapissada per un cinturó d'algues que la recobreix d'un verd intens. Els límits d'aquesta zona, on poden viure les diferents espècies, són donats per la seua resistència a la dessecació, ja que es tracta d'un ambient salí sotmés a una insolació molt forta.

Carles III va manar construir les muralles que envolten el nucli urbà de Tabarca, que responien a un ambiciós pla estratègic i de protecció de les nostres costes. Tenen un cert aire renaixentista i no van ser concloses totalment.

35°C a l'agost i unes mínimes de fins a 5°C al gener. Les precipitacions, com correspon a aquesta latitud, són molt irregulars al llarg de l'any i en cap cas se superen els 300 l/m² anuals, per la qual cosa l'illa està en el límit de l'aridesa. Encara que de vegades s'hi han registrat vents molt forts, la velocitat mitjana no és molt alta i, en general, llevat d'algunes ratxes de tramuntana, mestral o ponent a la tardor i a l'hivern, la resta de l'any els vents solen ser bastant suaus. Els temporals de mar embravida també hi són relativament freqüents, i en aquestes ocasions, l'illa, vista des de la costa, sembla haver sigut engolida per les aigües a causa de l'altura escassa. Els habitants, a penes una dotzena a l'hivern, són propicis a la conversa i els més ancians desgranen emocionadament els records d'una vida precària dedicada a la pesca, un art que ha quedat sense hereus.

A més del patrimoni cultural i arqueològic de la superfície, l'entorn submarí és d'una riquesa i d'una bellesa extraordinàries. Les extenses praderies de *Posidonia oceanica*, conegudes pels pescadors amb el nom d'alguers, assoleixen una dimensió i una profunditat considerables. Els fons marins van ser protegits després d'una sèrie d'estudis ecològics encarregats per l'Ajuntament d'Alacant, i així el 1986 es va crear la primera Reserva Marina de l'Estat en una superfície rectangular que circumda l'illa, que comprén en total 1.400 ha.

La transparència absoluta de les aigües, a causa de la contaminació escassa o nul·la, permet que la llum arribe gairebé als cinquanta metres i possibilita que les algues puguen viure a més profunditat que en altres llocs de la Mediterrània. La visibilitat permet també l'observació i l'accés a coves com la del Llop Marí, al sud de l'illa, formada per l'erosió marina i amb una longitud de cent metres. Serveix, igual que la resta d'esculls i cavitats menys importants de l'arxipèlag, de refugi a nombroses espècies de peixos i ocells marins.

El paisatge natural
Una illa plana sobre praderes de posidònia

El petit arxipèlag de Tabarca ha sigut definit alguna vegada com una veritable universitat de biologia marina. Així, són els seus fons marins els que tenen més rellevància en el paisatge.

La vegetació de Tabarca presenta un caràcter nitròfil i nitrohalòfil marcat, a causa

de la utilització de part del territori per a cultius, per la qual cosa hi apareixen espècies pròpies de sòls rics en matèria orgànica i molt salinitzats. Per poc que ens fixem en les zones menys exposades, podrem observar quina era la vegetació potencial de l'illa abans de la interferència de l'home: una mena de matoll espinós que arriba fins als tres metres d'alçària i que consta fonamentalment de tres plantes: l'esparreguera blanca, la bufera arbustiva i l'arç blanc. Aquesta màquia litoral, que abans devia cobrir tota l'illa i tenia un paper importantíssim en la nidificació d'ocells, està colonitzant hui les terres que en el seu dia van ser dedicades al cultiu de figueres de pala i de cereals. Aquests terrenys abandonats estan sent envaïts progressivament també per vegetació de caràcter anual: l'asterisc de marina, el jusquiam, el cascall marí, les figueres de pala, el fenoll marí i l'herba gelada, entre altres. No s'ha d'oblidar tampoc la gran varietat de líquens que voregen la costa en el sector septentrional de l'illa, lloc idoni per a aquest tipus d'espècies, tant per l'orientació com per l'alt grau d'humitat que hi regna.

Pel que fa a la fauna continental, cal assenyalar que és molt escassa, a causa de les dures condicions ambientals que imposa l'extensió reduïda del territori. Hi són freqüents, no obstant això, la bívia ibèrica i tridàctila i un insecte dermàpter, l'*Anisolabis maritima,* que apareix sovint sobre les algues litorals i davall de les roques, la presència del qual a Alacant es limita a aquestes petites platges de Tabarca. El coleòpter *Cryptocefalus espagnoli* i la *Brachynema espagnoli* són espècies exclusives de l'illa. Entre els mamífers, el conill és l'espècie silvestre de més grandària, i és bastant abundant si considerem l'escassa superfície de l'illa. Va ser introduït per l'home i en seria desitjable l'eradicació, a fi que la vegetació tornara a desenvolupar-se. Els ocells marins tenen més representació, però la inexistència de penya-segats importants on poder niar en condiciona molt la presència. Tot i això, hi són bastant habituals la gavina corsa, el cormorà emplomallat, el mascarell i la cogullada comuna, la baldriga cendrosa i l'escateret, la nidificació del qual sí que ha sigut constatada. Sense oblidar l'estornell rosat, espècie molt rara i escassa, esmentada pel Comité Ibèric de Rareses (CIR) i per diferents catàlegs ornitològics.

A l'abril del 1986, Tabarca va ser declarada la primera Reserva Natural Marina de l'Estat espanyol, i el 1994 va ser regulada i reconvertida com a Espai Natural Protegit per la Generalitat Valenciana. Aquesta figura legal protegeix els fons marins del seu entorn: una de les reserves de *Posidonia oceanica* més importants de la Mediterrània. Fa seixanta milions d'anys que aquestes plantes marines endèmiques van colonitzar aquests fons i són una de les comunitats vives de més interés científic. Aquestes praderies, que són com els

[Esquerra] La gavina corsa és una espècie mediterrània que nidifica a les illes Columbretes, encara que fora de l'època de cria se la pot veure hivernant al litoral alacantí i a l'illa de Tabarca. Habita en costes rocoses, penya-segats o illes. Per a aquesta gavina ha resultat una amenaça l'èxit reproductiu durant les últimes dècades del gavià argentat.

Espècies com el gazul [dalt] i l'herba salada [baix] viuen en un ambient molt influït per la salinitat marina i la forta insolació. Per a contrarestar-les, han adquirit una forma suculenta i amb incrustacions de gotetes menudes o papil·les que permeten reflectir part de la radiació que reben.

Les formes capritxoses dels fons rocosos que envolten l'illa de Tabarca mostren una gran diversitat d'espècies. Hi predominen les formacions d'algues que varien segons la intensitat lumínica que hi arriba, com l'alga *Padina pavonica* de la foto inferior dreta.

Les praderes de *Posidonia oceanica* són la comunitat més àmpliament representada a la Reserva Marina de Tabarca. Espècie endèmica de la Mediterrània, forma praderies molt extenses a la zona infralitoral, preferentment sobre substrats arenosos i esporàdicament sobre roques.

boscos de la mar, estan molt amenaçades per la contaminació i la pesca d'arrossegament, encara que estan bastant desenvolupades al llarg de tot el perímetre de l'illa. Localment, les praderies de posidònia es coneixen amb el nom d'alguers, però aquesta denominació popular és errònia, ja que es tracta de plantes superiors, amb arrels, tiges, fulles, flors i fruits. Allí crien i es refugien determinades espècies de gran interés piscícola, com ara el mero, el fals abadejo o dot i la cerviola o cèrvia, a més de centenars de peixos més menuts. Orades, sargs, mabres, salpes, molls, oblades, déntols, donzelles, congres, morenes, polps, estreles de mar, crancs, caragols de mar, esponges, cigales de mar, ascidis, nacres o gorgònies dansen al ritme de les onades i converteixen els fons marins de Tabarca en un espectacle fascinant de color i de vida, semblant al de qualsevol paratge submarí tropical.

És bastant freqüent, també, contemplar a la Reserva Marina exemplars solitaris de tortuga careta, una espècie molt amenaçada, els quals, moltes vegades, es veuen atrapats en les xarxes dels pescadors i, després de ser curats, són alliberats a la zona protegida.

L'illa dels noms perduts

L'Illa Plana o de Nova Tabarca ha rebut al llarg de la història diversos i curiosos noms i ha sigut objecte també d'una infinitat de llegendes. *Planesia*, tal com era descrita pels historiadors clàssics, va ser també considerada com el temple d'Apol·lo, lloc de desembarcament de l'apòstol sant Pau, refugi de pirates barbarescos, de turcs, de francesos, d'italians, de pilots, aventurers i mercaders marins sobre els quals va exercir una fascinació tremenda. La història ens demostra, segons els abundants jaciments arqueològics i les excavacions dutes a terme quan han sigut possibles, que va ser habitada des d'època antiga. Dels estudis fets pel pare Belda entre el 1958 i el 1980, i de les àmfores, restes de naufragis i altres restes arqueològiques trobades als fons marins, se'n desprén l'existència d'una colònia romana i d'una necròpolis amb restes d'inhumació a la zona de l'almadrava.

També els grecs i els fenicis van utilitzar l'illot probablement com a base d'operacions i lloc de refugi en els seus viatges comercials. L'any 1337, el Consell d'Elx, del qual depenia Tabarca, va decidir alçar una torre defensiva per a vigilar la costa i evitar que fóra utilitzada com a base durant les incursions reiterades dels pirates. A les darreries del segle XVIII la corona espanyola, sota el regnat de Carles III, va prendre la decisió de fortificar i repoblar l'Illa Plana o de Sant Pau, com s'anomenava aleshores. Aquestes actuacions van tenir lloc dins d'un pla estratègic militar i de la nova política respecte del nord d'Àfrica. El projecte, molt ambiciós en principi, incloïa un conjunt d'edificis renaixentistes que no va ser dut a terme per complet a causa de problemes econòmics. En aquell moment, van ser alliberades 69 famílies d'origen genovés que estaven presoneres a l'illa de Tabarqah, enfront de les costes de Tunísia. Aquestes famílies es dedicaven a la pesca del coral roig a la Mediterrània, on la corona espanyola tenia interessos des del segle XVI, i van ser capturats pel rei d'Alger quan va conquistar l'illa, que pertanyia a la República de Gènova. Després de ser alliberats per Carles III, havent pagat prèviament el rescat i les gestions dels monjos de la Mercé, les famílies van ser traslladades a Alacant i, després de ser allotjades temporalment al col·legi de la Companyia de Jesús, van ser ubicades definitivament a l'illa el 1770, moment en què va passar a anomenar-se Nova Tabarca. Els habitatges que van ocupar foren promoguts pel comte d'Aranda i les famílies genoveses hi van subsistir precàriament gràcies a la pesca artesanal. S'hi va instal·lar un destacament militar permanent, al servei del qual es van dedicar també els pobladors nous de manera secundària.

L'arquitectura renaixentista de Tabarca respon, amb les muralles i els portals, a la necessitat de protegir les costes dels pirates.

La trama urbana del recinte murallat segueix dos eixos: nord-sud i est-oest. L'eix longitudinal uneix les dues portes principals de la ciutat, la de Sant Rafel o de Llevant a l'est, i la porta de la Trancada o de Sant Gabriel a l'oest. L'eix nord-sud enllaça la casa del Governador, hui convertida en un hotel menut, amb l'església de Sant Pere i Sant Pau. Al centre es troba la plaça quadrada de la Carolina, punt de confluència dels carrers principals. L'església és el primer edifici que

era governador d'Alacant Guillem de Baillencourt. La pedra es va extraure del lloc conegut com la Cantera, a l'extrem occidental, molt prop de la porta de la Trancada. Fora de les muralles, a la zona més oberta i despoblada coneguda com el Camp, es troba la torre de Sant Josep, de 27 metres d'alçària, en forma de piràmide truncada suau, de base quadrada i tres plantes. Va ser construïda el 1789 i es va utilitzar en el segle XIX com a presó de l'Estat. Més allunyat del conjunt urbà, i en l'extrem oriental de l'illa, hi ha el far d'estil academicista, també de planta quadrada i bastit per Juan Lurenti el 1854.

Les famílies genoveses, els descendents de les quals continuen vivint a l'illa, com ho demostren els seus noms i cognoms italians, es van adaptar amb prou faenes a les noves condicions després de l'alliberament. La tradició pesquera de la gent de Tabarca s'ha

L'església, les muralles, els portals i la trama urbana formen un conjunt sense comparació en terres valencianes. A pesar de l'aspecte decadent i d'abandó, l'illa de Tabarca té l'encant mediterrani d'una illa habitada. Visitar-la amb calma, fora del període estival, és una experiència fascinant.

salta a la vista des de lluny, ja que sobreïx entre les cases i les muralles. D'una sola nau sense creuer, el temple, que també va fer funcions de fortalesa, té un altar major i huit laterals, a més de dues portes d'entrada. Les muralles, d'un cert aire renaixentista i que s'ajusten perfectament a la línia de la costa, van començar a construir-se el 1760, quan

mantingut durant quatre generacions: no sols va funcionar una almadrava fins al final dels anys cinquanta, sinó que amb les seues embarcacions tradicionals, els llaüts o llaguts, aparellats amb vela llatina, han arribat fins a les costes d'Algèria, del Marroc i fins i tot s'han endinsat en l'Atlàntic, *la mar gran*, com era conegut l'oceà entre els tabarquins.

4 L'illa de Tabarca **hui**

Els descendents d'aquells presoners genovesos que encara viuen a l'illa ja no es dediquen a l'extracció de coral ni a la pesca artesanal. Ara viuen del turisme i alguns són propietaris de petits negocis d'hostaleria i de restauració. La pressió turística a Tabarca durant el període estival assoleix límits insostenibles. «El tenor de l'estiu, el fulgor mineral, el so de les xitxarres i la suor dels quatre mil turistes que la visiten vulnera l'aire», escrivia Manuel Vicent en un dels seus articles. En un estudi de la Universitat Politècnica de València per a establir la densitat turística que l'illa podia suportar sense que es deteriorara, s'ha apuntat la necessitat de facilitar recorreguts visuals i d'interpretació al voltant de tota l'illa per a gaudir-ne del paisatge i de la trama urbana, que passa desapercebuda per a gran part dels seus visitants.

Des de les sis o set famílies que hi viuen durant l'hivern, fins als 5.000 visitants que l'illa arriba a rebre un dia d'estiu, hi ha un marge gran per a buscar un equilibri intermedi. Permetre que qualsevol ciutadà gaudisca de l'illa és un dret, però també un privilegi que ha de ser regulat, amb l'establiment d'un nombre màxim de visitants a fi de garantir la conservació del medi natural i evitar-ne els danys irreversibles. L'estat en què queda l'illa després de la temporada estival és deplorable, i fa l'efecte que ha sigut literalment arrasada. Tampoc no s'ha vist lliure d'intents especuladors, ja que s'hi han arribat a construir edificacions noves no exemptes de polèmica.

L'illa va arribar a tenir 1.500 habitants i quatre col·legis. En l'almadrava treballaven quaranta homes que donaven suport a quaranta famílies. El 1959 es va calar l'última almadrava, possiblement per un canvi dels costums migratoris de la tonyina, i en la dècada dels seixanta aquesta població va haver d'emigrar, de la mateixa manera que la resta dels pescadors, que tampoc no tenien ja futur a causa de l'aparició dels nous vaixells de pesca que venien de la costa i pescaven amb tècniques modernes. El palangre, el tremall, la pesca del xanguet, el curricà o

La pesca va ser durant molts anys la principal activitat econòmica de l'illa. Dels 1.500 habitants que va arribar a tenir, l'almadrava donava suport a quaranta famílies fins al 1959. En l'actualitat, els descendents d'aquells presoners genovesos que encara queden a l'illa viuen del turisme i tenen negocis menuts d'hostaleria que funcionen al límit durant els mesos estivals.

Des d'Alacant i Santa Pola, un servei de vaixells comunica diàriament l'illa amb la costa.

el volantí són sistemes de pesca tradicionals que es practiquen hui de manera testimonial. Els tabarquins es van desplaçar a Torrevella, Santa Pola, Alacant o la Vila Joiosa, però també molts van haver d'emigrar a les Canàries, Ceuta, Tetuan o les Balears. L'any 1972 va començar el transport de turistes amb *golondrinas* d'una manera regular des de Santa Pola i Alacant fins a Tabarca, amb la qual cosa un concepte econòmic nou modificarà radicalment els costums de l'illa.

Amb la declaració de Reserva Marina, les activitats submarines i pesqueres han quedat regulades estrictament. Qualsevol tipus de pesca, extracció o activitat que perjudique la flora i la fauna hi està prohibida. La pesca esportiva amb canya es permet només en certs llocs autoritzats. El medi marí, afortunadament, està protegit i vigilat zelosament. Els intents de l'Ajuntament d'Alacant per a crear una reserva marina van començar el 1972. Onze anys després, en el Pla Especial d'Ordenació de l'Illa de Tabarca, ja s'esmenta la necessitat de crear una reserva marina, que es materialitza el 1986 i, posteriorment, l'illa és declarada Zona de Protecció Especial per a les Aus. També s'hi van instal·lar alguns esculls artificials constituïts per mòduls de formigó i bucs de vaixells per augmentar la diversitat de peixos i fomentar les àrees de cria, però l'eficàcia d'aquests esculls ha sigut molt qüestionada per la comunitat científica.

L'illa de Tabarca presenta hui un aspecte decadent, i el seu nucli urbà està bastant deteriorat, a pesar de ser un dels pocs exemples d'arquitectura militar renaixentista. Tabarca és alguna cosa més que un *merendero* en la platja, ja que representa la lluita i els mitjans de protecció dels nostres avantpassats, habitants d'una franja litoral estreta, en èpoques de temor als pirates que saquejaven poblacions i temps d'inseguretat en les costes. Del paisatge que en el seu dia va ser creat per a la defensa de la costa, hem passat a la defensa del paisatge litoral amenaçat per la urbanització excessiva. Tabarca és l'illa habitada més menuda de la Mediterrània. A poqueta nit de qualsevol dia estival, quan l'últim vaixell replet de turistes abandona l'illa, Tabarca emmudeix i es queda tranquil·la, com si surara en l'aigua allunyada del temps.

Nom: Reserva Natural i Marina de l'illa de Tabarca.

Superfície: 1.400 ha.

Comarca: l'Alacantí.

Municipi: Alacant.

Situació legal: Reserva Marina.

Clima: Molt marcat per la influència marina i la insularitat. Mediterrani sec amb una temperatura mitjana anual de 17º C, amb màximes de 35º C a l'agost i mínimes de 5º C al gener. Les precipitacions no superen els 300 l/m² anuals.

L'església de Tabarca.

Referències cartogràfiques:

Mapes del IGN a escala 1:25.000, números 894-III.

Referències bibliogràfiques:

Vallalta Orozco, José (1965): *Tabarca i els seus habitants*. Alacant.

Moya, José Antonio i Ruiz, José B. (2002): *Guia visual de Tabarca*. Ed. Ajuntament d'Alacant.

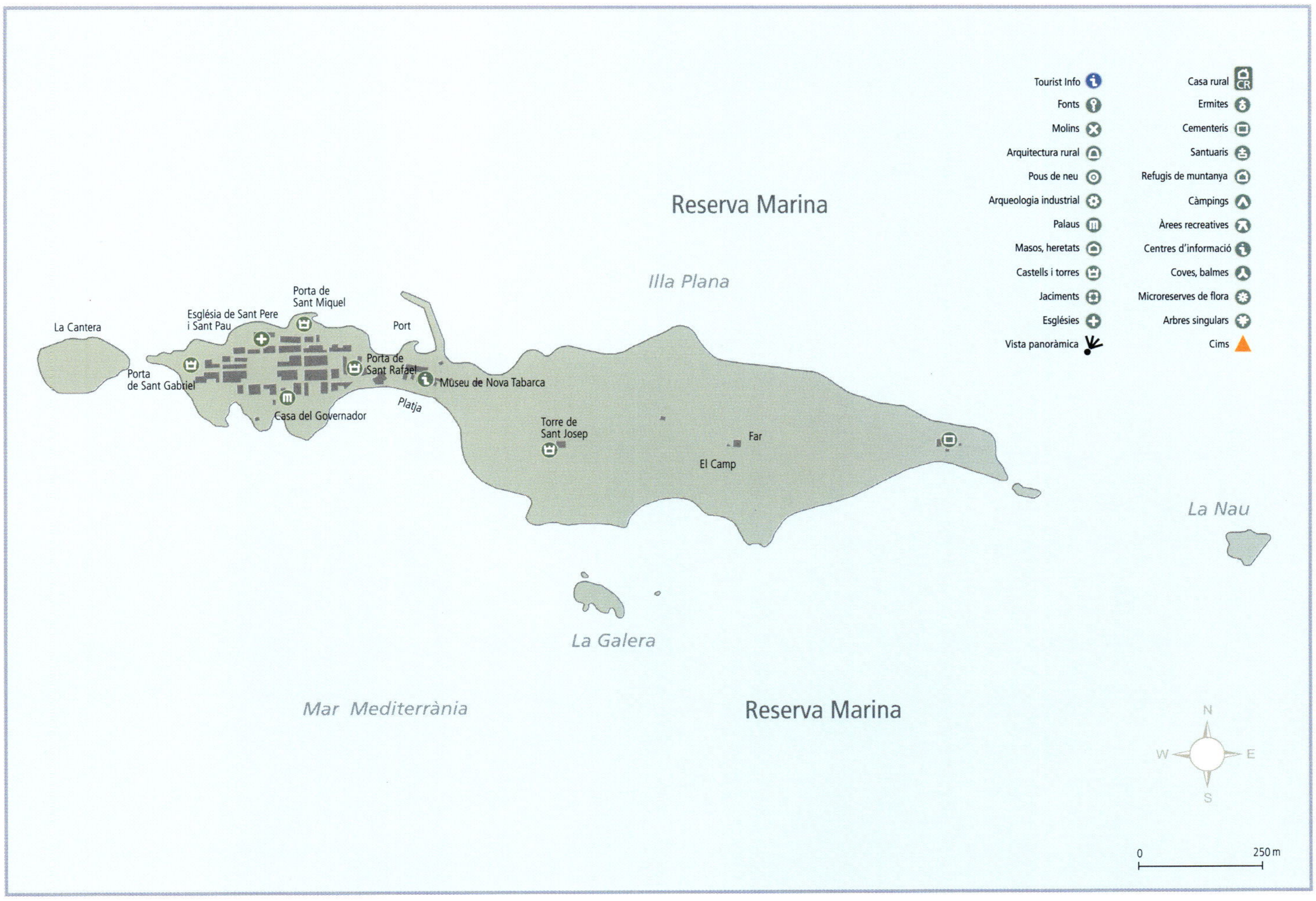

Litologia: Materials del miocè superior i del quaternari. Línia de costa molt retallada formada per penya-segats menuts. Altura màxima sobre el nivell de la mar: 15 m.

Itineraris: La grandària de l'illa, 1.400 m per 400 m, no planteja problemes. La visita del nucli urbà fortificat, seguint els carrers i acostant-nos a les portes de les muralles, a més de l'església i de la casa del Governador, és una de les excursions recomanables. D'altra banda, la circumval·lació de l'illa seguint la línia de la costa, arribant fins al far i el cementeri, té un interés paisatgístic molt més gran. És la part de l'illa oberta i deshabitada.

IX.
Les salines de Santa Pola

1 Introducció
Torre de guaita envoltada d'un mar de sal

Si un dia qualsevol sobrevolem el centre del litoral valencià, descobrirem que la línia de costa entre Santa Pola i Guardamar del Segura està vigilada per dues elevacions del terreny que mostren la seua vocació de sentinelles petris: la mateixa serra de Santa Pola (143 m) i la serra del Molar (81 m). El viatger ha de saber que aquestes elevacions, a pesar de la seua modèstia, van servir de base i suport per al tancament del cordó o restinga litoral, i van contribuir a convertir l'antic golf d'Elx en una gran llacuna, i aquesta, per un procés natural de rebliment (aportacions sedimentàries quaternàries de materials principalment detrítics a partir dels rius Vinalopó i Segura) i de dessecació antròpica (es tractava de guanyar terres de cultiu i sanejar les zones palustres per la seua insalubritat), ha esdevingut un espai de marjal humida. La transformació posterior i més recent de la zona sedimentària per a l'extracció de sal i una modesta activitat cinegètica i piscícola han donat com a resultat la zona humida ara coneguda com les salines de Santa Pola.

Les salines de Santa Pola i el Fondo constitueixen les restes més representatives del que va ser l'antic golf d'Elx. Probablement, les primeres intervencions sobre les terres salobres de l'albufera d'Elx es remunten a les èpoques romana i àrab, encara que les intervencions més rellevants en la configuració de l'actual paisatge del Fondo són les produïdes al final del segle XIX i l'inici del XX.

Pel que fa al clima, el de les salines de Santa Pola i els seus voltants, és un dels més suaus i de temperatures més altes a l'hivern de la major part del continent europeu. Els climatòlegs el denominen clima mediterrani litoral semiàrid. Com es tradueix en dades aquesta definició purament tècnica? Anem a pams: la mitjana en el mes d'agost no abaixa dels 27°C, amb temperatures màximes que poden arribar a superar fàcilment els 40 o 45°C, mentre que la tardor, l'hivern i la primavera són, en canvi, un continu de temperatures agradables per a l'ésser humà. Pensem que les temperatures mitjanes al gener no solen abaixar dels 10°C, i són rars els dies en què s'acosten als 0°C. En conseqüència, si visitàrem les salines al llarg de tot l'any, sofriríem una calor sufocadora a l'estiu (però per sort tenim la mar prop) i una absència de fred intens a l'hivern.

[Pàg. anterior] Al mig d'una de les basses de preconcentració de sal, a la zona de les salines del Braç del Port, han quedat les ruïnes de la torre de vigilància i defensa de Tamarit, convertides hui en la imatge més emblemàtica de l'actual Parc Natural.

Detall d'un dels marges de les salines al matí, amb la tanca de regulació de les aigües. Les salines de Bonmatí abracen una superfície pròxima a les 492 hectàrees.

Pel que fa a la pluja, els voltants de les salines de Santa Pola no es diferencien gens de la resta de la costa central valenciana: generalment, no s'hi superen els 300 l/m^2 anuals. Una altra dada: des que es fan mesuraments científics en el nostre litoral, mai no s'hi han superat els 80 l/m^2 en un sol dia de pluja. Per tant, una altra conclusió: l'existència de l'aiguamoll de les salines de Santa Pola depén hui, sobretot, de les explotacions salines i no de les aportacions hídriques més o menys

Basses d'aigua de la zona salinera del Pinet, englobades actualment en les salines de Bonmatí. Associades a les salines trobarem en l'horitzó del paratge les edificacions de la casa de les Salines. La coloració rosada de les aigües la causa la pigmentació especial de les algues i dels bacteris que hi habiten.

Les basses d'aigua, ben controlades per a l'extracció de la sal, formen un conjunt unitari. La restinga litoral, amb formacions de dunes, separa les aigües de la mar de les salines de Santa Pola.

directes de les aigües de pluja. Aquest és un tema més que rellevant per a poder comprendre, en conjunt, què són, què signifiquen i de què depenen les àmplies làmines d'aigua incloses en el Parc Natural, entre altres ambients d'aquest important aiguamoll litoral.

De la mateixa manera que en els altres dos aiguamolls d'aquest migdia litoral valencià ja comentats, ateses les característiques geomorfològiques, el clima i l'escassetat de precipitacions, l'aiguamoll de les salines de Santa Pola se'ns mostra hui com una mena de refugi de valor incalculable per a la vida salvatge, especialment per a l'avifauna, i és un dels llocs més rellevants de la nostra costa no solament per a espècies migratòries, sinó com a punt de nidificació. Però les salines de Santa Pola tenen una sèrie de característiques que les diferencien com a aiguamoll del seu veí el Fondo: no solament les explotacions de sal marquen la diferència, sinó també la presència del litoral i de l'imponent cordó o restinga que els separen de la mar, condicions fonamentals per a comprendre més bé el funcionament com a tal de les salines de Santa Pola.

2 El paisatge natural

Àrea de descans en la ruta migratòria del flamenc

Segurament moltes persones han fet el trajecte entre Santa Pola i Guardamar amb cotxe, i han quedat meravellades en veure les colorides aigües que els envolten pertot. Encara hui la carretera N-332 travessa per la part més íntima l'actual Parc Natural de les salines de Santa Pola, i els espills d'aigua del parc continuen sorprenent els nous viatgers que, tant des de l'Estat espanyol com, majoritàriament, des dels països europeus, vénen a gaudir del nostre excepcional clima litoral.

Així i tot, a pesar del pas irrespectuós de la carretera, les salines de Santa Pola configuren un paisatge natural d'excepció, encara que en una part del seu origen i també hui en dia siguen obra humana. De virtuts, no li'n falten: horitzons oberts lliures d'infraestructures humanes impactants (excepte la carretera ja mencionada), àmplies làmines d'aigües de colors canviants, vegetació palustre amb originals saladars de gran valor botànic, presència de vida animal singular i responsable, en part, del funcionament de l'ecosistema humanitzat del saladar (tal és el cas dels flamencs)...

Aquest conjunt de valors ambientals i paisatgístics de les salines de Santa Pola sorprendrà, en una primera impressió, el visitant tant curiós i respectuós, i es convertirà en més profunda aquesta sensació quan observe detalladament els elements més cridaners que configuren aquest paisatge natural: les inabastables basses d'aigua de les explotacions salineres, les tolles associades de l'interior (Santa Fe, Flota Alta, Irles i Murtulas) amb un ús piscícola i cinegètic, l'exuberant vegetació associada a cada un dels llocs humits, la vida salvatge i el cordó dunar o restinga que separa les zones inundades de les aigües de la mar.

En primera línia de costa, sobre l'anomenat cordó dunar, s'estableix un matoll constituït per espècies de gramínies que ajuden a fixar les dunes sobre les quals s'establiran després espècies pròpies del saladar i que, a més, suporten la brisa marina carregada de partícules d'arena menudes.

Pel que fa al paisatge vegetal, en l'aiguamoll l'excursionista atent descobrirà tres subespais: les séquies i zones d'aigua més dolça, les basses de les explotacions salineres i els saladars que les rodegen. En les séquies o canals i en els espais d'aigua més dolça, la nostra vista es recrearà, principalment, amb una vegetació dominada pel canyar.

Però és en les basses d'aigua quadrades i rectangulars per a l'extracció de la sal on es produeix el cicle biològic més atractiu del paratge. Un suport fonamental per a la indústria salinera. Com funciona aquest cicle?

L'ambient salobre i superficial de les salines de Santa Pola és el medi idoni per a espècies exigents com els flamencs. Aquests, presents durant quasi tot l'any, però molt més abundants al final de l'estiu, s'alimenten de bacteris, insectes i sobretot d'artèmies, crustacis menuts totalment adaptats als medis salobres.

L'observació dels flamencs ens en dóna una idea. De què es nodreixen aquests ocells? Entre altres aliments, mengen el petit crustaci anomenat *Artemia salina*, una espècie pròpia dels ambients hipersalins. Quan, poc després, els flamencs depositen els seus excrements, aquests aporten els nutrients i els minerals necessaris perquè es desenvolupen espècies de bacteris halòfils (del llatí *halo*, 'sal') que viuen en les basses, de manera que afavoreixen la impermeabilització dels fons i en protegeixen la capa inferior de bacteris fotosintetitzadors i de la insolació excessiva, amb el resultat de l'augment de la productivitat de l'ecosistema. A més, aquests bacteris també són responsables del cromatisme tan especial de les làmines d'aigua del Parc Natural, una coloració rosada motivada per la pigmentació característica d'aquests bacteris halòfils. Heus ací una extraordinària cadena natural aprofitada molt bé per l'home.

Finalment, els saladars de la zona humida aporten al paisatge vegetal la seua peculiaritat cromàtica resultant de les dures condicions físiques que marca la salinitat de les aigües i del sòl. Per més que aquesta siga la vegetació

[Dalt] El cordó de dunes que separa la mar del pinar litoral és, sovint, una franja estreta, ben definida, amb una vegetació característica que ajuda a preparar les condicions perquè s'establisquen altres espècies més exigents, que s'ubiquen fora de l'acció del vent, sobre un sòl ferm.

Als saladars situats darrere del cordó dunar creixen el plantatge marí [dalt], les fulles del qual són diferents de les d'altres espècies de plantatge que habiten a la resta del territori, i la franquènia [baix], planta perenne de base llenyosa i floració molt bella, que freqüenta els sòls salins dels aiguamolls alacantins.

[Esquerra] El frare groc és una planta paràsita de l'arrel d'algunes espècies d'herba salada o cirialeres. Per tractar-se d'una espècie paràsita no té fulles ni altres parts verdes que facen la fotosíntesi, ja que obté l'aliment necessari directament de l'arrel d'altres plantes.

[Dreta] A les clarianes o a les vores de camí que apareixen entre el matoll pròxim al saladar, trobem, durant el període de floració, espècies menudes de gran bellesa que passen desapercebudes la resta de l'any. Són plantes bulboses, com aquest *Gynandriris sisyrinchiym* o lliri menut de tan sols 15 o 20 cm d'altura i fulles lineals, més llargues que la tija.

més emblemàtica del paratge, és, no obstant això, la part del parc més poc atractiva per al visitant llec en matèria ambiental, perquè si no es té informació específica del medi natural, la presència de les espècies vegetals corresponents a aquest tipus d'hàbitat, com l'herba salada o cirialera, l'ensopeguera i el salat ver o sosa prima, passaran desapercebudes.

L'altre gran ambient del parc el formen els cordons dunars de la restinga que separa la zona humida de la mar. Allà, el visitant penetra en un altre món de paisatges més tancats, entre llomes d'arena suaus, que corresponen a dunes més o menys fixes. En la part més pròxima a la mar, les dunes aporten al paisatge no solament les seues formes capritxoses, sinó també una vegetació entre la qual destaquen el bàlsam, el borró, el panical marí o la credeueta marítima. No obstant això, el passeig més atractiu discorre per la part de les dunes més allunyada de la mar, on es troben esplèndides masses forestals de pins (pi pinyoner i pi blanc), que, amb bon criteri, van ser plantats per a fixar les dunes, i que formen hui un conjunt paisatgístic molt cridaner i contrastat amb les basses salineres i el blau de la mar Mediterrània.

Finalment, l'altre gran protagonista de les salines de Santa Pola és la vida animal. Com en tot aiguamoll de litoral mediterrani, la gran estrela és el conjunt de l'avifauna. Hi ha espècies representants de tots els estatus i classificacions possibles (sedentàries, migratòries, estivals, hivernants i nidificants) gràcies a la circulació permanent d'aigua marina. De segur que qualsevol persona interessada en avifauna hi podrà descobrir sense gaire esforç espècies com l'alena, la camallonga, el corriol camanegre, la mongeta, l'argellot de marjal i la xitxarra de marjal. Destaca també la presència del fartet en les aigües de les llacunes litorals. Però, per als visitants ocasionals, els flamencs són l'espècie més cridanera de tot el conjunt del parc, ja que han convertit les salines en el seu santuari privilegiat, i se n'han arribat a comptabilitzar alguns anys més de 8.000 exemplars. Però no podem oblidar que, en l'ecosistema dunar, també poden sorprendre'ns mamífers com el conill, la rabosa o la llebre, a més de rèptils com la sargantana cua-roja i el fardatxo comú.

3 El paisatge cultural

De port marítim romà a factoria natural de sal

Com en gran part de les terres litorals valencianes, la presència humana en l'entorn de les salines de Santa Pola ha sigut constant des de temps prehistòrics. Però els jaciments i les troballes arqueològiques ens parlen d'assentaments humans més concrets des de fa 5.000 anys. La presència de població ibèrica ha sigut confirmada en les troballes conegudes com a Portus Ilicitanus, és a dir, el port de la colònia romana d'Ilici, en la localització actual de Santa Pola. D'època romana són les restes, descobertes en zones urbanes, d'un *domus*, d'una àrea de necròpolis i d'una gran factoria de saladures en la zona portuària de Santa Pola mateix.

Després del pas de la cultura àrab i de la conquesta cristiana, la població a Santa Pola decau a causa de l'amenaça que suposen les incursions marines dels pirates, que assolaven tota la costa mediterrània. Però la construcció d'una fortalesa en el segle XVI torna a la ciutat i al seu entorn l'antiga esplendor: la seguretat que produeix estar fora de perill dels atacs pirates dóna peu a l'estabilitat de la població i de les activitats econòmiques corresponents que se centren, fins a mitjan segle XX, en l'agricultura, en la producció de sal i en la pesca. Totes aquestes manifestacions econòmiques i socials han modelat, a grans trets, el paisatge cultural que ara coneixem al voltant de les salines de Santa Pola. En aquest context, un dels emblemes del paratge és la torre de Tamarit, amb la funció defensiva i de vigilància del litoral ben manifesta. La torre està ubicada en el centre mateix del parc, i envoltada per una superfície d'aigua d'una de les basses salobres, que confereix una bellesa especial al conjunt.

No obstant això, l'origen de la conformació actual de les salines s'ha de buscar en l'inici del segle XVIII, quan el gran aiguamoll dels voltants de Santa Pola era utilitzat pel seu propietari, el duc d'Arcos, com a àrea d'explotació piscícola i cinegètica.

Així i tot, la configuració del paisatge cultural actual té el seu punt d'inflexió cap al final del segle XIX i el principi del segle XX. En aquest moment, es va produir la transformació més important de l'espai geogràfic ocupat ara pel Parc Natural, amb el condicionament del terreny per a aconseguir una explotació òptima de sal. Com podia una zona sedimentària humida més o menys re-

El punt més humanitzat del paisatge cultural actual, al voltant de les basses de preconcentració i concentració de la sal, el creen els edificis d'oficines, els magatzems annexos i les imponents i espectaculars instal·lacions de cintes transportadors, grues... Encara que la força visual i estètica més important de la indústria salinera la causen les piràmides de sal, que amb la seua tonalitat blanca i enlluernadora retallen de manera cridanera l'horitzó pla de les basses. Al costat de les salines de Torrevella, aquestes salines són hui les més rellevants de tot l'Estat espanyol.

Piràmide de sal de l'explotació del Braç del Port.

ció i funcionament del conjunt és fàcil de comprendre: es tracta d'un circuit pel qual corren aigües marines que van passant de bassa en bassa (de les basses preconcentradores a les concentradores i d'aquestes a les cristal·lizadores). En cada una es produeix, gràcies a l'evaporació, més concentració de sals, de tal manera que, quan les aigües arriben a les últimes basses, les cristal·lizadores, té lloc l'aparició del clorur sòdic, conegut popularment com a sal comuna. En les basses preconcentradores, la quantitat de sal per cada litre d'aigua oscil·la entre els 36 i els 70 g. En les concentradores, aquesta quantitat varia entre els 70 i els 300 g de sal per cada litre d'aigua. Finalment, en les basses cristal·lizadores, la quantitat de sal per litre d'aigua està al voltant dels 350 g, moment òptim per a la precipitació i la cristal·lització del clorur sòdic.

Al port de Santa Pola, la pesca és una activitat econòmica tan antiga com l'existència de la zona humida declarada hui Parc Natural.

blida convertir-se en una explotació salinera? Calgué un gran esforç per a condicionar el terreny. La finalitat última era la construcció de basses; per a això, primer es va reblir la zona i després es va excavar. La primera salina que es va posar en funcionament va ser la del Pinet, el 1890, i es va habilitar a continuació la del Braç del Port.

Les altres dues transformacions que van configurar la fisonomia actual de les salines van ser, d'una banda, els rebliments a la part interior d'aquestes, els anys quaranta i cinquanta del segle XX, per a sanejar l'entorn, i, de l'altra, el condicionament per a la pràctica cinegètica, efectuat a l'inici dels anys setanta del segle passat.

Ara bé, si la forma actual d'aquest aiguamoll és el producte de la seua evolució històrica, no podem deixar de reconéixer que les infraestructures que hui en dia hi tenen més pes específic són les basses de les salines per a l'extracció de sal. L'esquema de configura-

L'aportació humana més important a aquest paisatge cultural actual la descobrirem en les proximitats de les basses de sal, en els edificis annexos i en les imponents instal·lacions de cintes transportadores, grues, etc. No obstant això, la força visual i estètica més gran de la indústria salinera, a més de les basses d'aigua, l'aporta la imatge que ofereixen les piràmides de sal, que retallen de manera espectacular, amb la seua tonalitat blanca i enlluernadora, l'horitzó pla del Parc Natural: un espectacle únic, que tan sols es repeteix hui, en el litoral valencià, en les veïnes salines de Torrevella.

4 Les salines de Santa Pola hui

L'evolució històrica i socioeconòmica ha permés que les salines de Santa Pola s'hagen convertit en un aiguamoll dedicat a l'extracció de sal i protegit sota la figura de Paratge Natural entre el 1988 i el 1994, i de Parc Natural des del 1994. L'espai protegit s'estén sobre un total de 2.496 ha, que comprenen les basses de producció de sal, així com diferents llocs humits de menys superfície i aigua més dolça, a més d'àmplies zones de saladars i una llarga restinga litoral, amb un ecosistema de dunes de gran valor ambiental i paisatgístic.

En breu, el parc disposarà de dos centres d'informació. El primer, el Museu de la Sal, ubicat prop del nucli urbà de Santa Pola, està ja en funcionament, i s'hi mostren les diferents faenes per a l'extracció de la sal i la cultura creada al recer d'aquesta. Al voltant del museu es desenvolupa un itinerari senyalitzat que porta a un punt d'observació d'ocells privilegiat: probablement el millor racó del parc per a l'observació del flamenc. L'altre punt de visita serà el Centre d'Informació i Interpretació de Pinet, que depén de la Conselleria de Territori i Habitatge. Pels voltants de les obres es pot visitar la zona sud del paratge, als encontorns de les salines del Pinet, el cordó dunar i diferents basses concentradores de la indústria de la sal.

Pel que fa a la realitat socioeconòmica i ambiental del parc, cal assenyalar que, en l'actualitat, encara s'hi permet la caça, entre octubre i gener, i la pesca, amb mètodes tradicionals, de la llissa i de l'anguila.

A pesar d'això, l'activitat humana més cridanera en el parc actual és, com ja hem comentat, l'explotació de la sal. Hi ha en funcionament dues salines: les del Braç del Port, amb quasi 900 ha de superfície (la més pròxima a Santa Pola) i les de Bonmatí, de 492 ha. Aquestes últimes engloben la zona salinera del Pinet. Associades a les salines trobarem, en l'horitzó del paratge, les edificacions de la casa de les Salines, i de la casa de l'Albufera, per motius de control de la línia de costa.

Però, com les altres zones humides del litoral, les salines de Santa Pola suporten impactes ambientals importants. Quant a l'explotació cinegètica, aquesta es fa sense el control pertinent i, per tant, moltes vegades de manera il·legal. No menys importants són els impactes derivats dels abocaments incontrolats d'aigües residuals, els abocadors il·legals de runes, la pressió urbanística, tant des de la zona urbana de Santa Pola com des del sud, pels voltants de les salines del Pinet, i el pas traumàtic de la carretera N-332 pel cor mateix del parc. D'altra banda, les transformacions de marjal en terres de cultiu són una constant, especialment en la part nord del paratge. Finalment, amb uns entorns tan urbanitzats, no és gens estrany que les aigües no siguen, des d'un punt de vista microbiològic, les més indicades perquè la vida salvatge puga manifestar-se en tota la seua plenitud.

Prop del nucli urbà de Santa Pola s'ubica el Museu de la Sal. A l'interior, nombrosos panells, suports audiovisuals i antigues ferramentes de treball per a l'estracció, la manipulació i la comercialització de la sal mostren com es feia, des de molt antic, el comerç de la sal en diversos llocs del món. L'accés al museu és gratuït.

Tot aquest ventall de problemes ambientals condueix a la reflexió de la necessitat de

[Dalt] La ciutat de Santa Pola, el cap i les basses de les Salines.

[Baix] Detall d'una tremuja antiga emprada en el procés de manipulació de la sal, hui instal·lada al Museu de la Sal de Santa Pola.

més control i millor ordenament d'aquest espai natural privilegiat, refugi habitual i lloc de descans d'un gran nombre d'ocells migratoris del continent europeu. Pensem que no debades, a més de la declaració autonòmica com a Parc Natural, les salines de Santa Pola han sigut declarades Zona d'Especial Protecció per a les Aus (ZEPA), a causa de la presència, més o menys habitual en el paratge, d'espècies protegides com el gomet, el flamenc, l'alena, el fumarell carablanc, la boscarla mostatxuda, la rosseta, la camallonga o el xatrac menut. A més, aquest aiguamoll està inclòs en el conveni RAMSAR de protecció de zones humides i forma part del Catàleg de Zones Humides del Govern valencià, i de la xarxa valenciana proposada per la Generalitat Valenciana per a ser inclosa en la xarxa europea Natura 2000 de Llocs d'Interés Comunitari (LIC).

De segur que la visita atenta i respectuosa de qualsevol ciutadà a les salines de Santa Pola el sorprendrà de manera gratificant en veure's davant d'un espai de paisatges oberts i d'horitzons inabastables. Un lloc on es desenvolupa una part, per modesta que siga, de la vida salvatge global del planeta, tan necessària per al manteniment d'una biodiversitat en què ens va alguna cosa més que la conservació puntual d'aquest espai humit.

Nom: Salines de Santa Pola.

Superfície: 2.496,24 ha.

Comarca: el Baix Vinalopó.

Municipis: Elx i Santa Pola.

Situació legal: Parc Natural en el marc de la Llei d'Espais Naturals Protegits de la Comunitat Valenciana de 1994. Forma part de la proposta del Govern Valencià per a ser inclòs en la xarxa europea Natura 2000 de Llocs d'Interés Comunitari (lic). Les salines de Santa Pola són Zona d'Especial Protecció per a les Aus (zepa), a més d'estar incloses en el conveni ramsar de protecció de zones humides i, des de l'any 2002, formen part del Catàleg de Zones Humides del Govern Valencià.

Basses de les Salines.

Clima: Del litoral meridional. Temperatures suaus a l'hivern i molt elevades a l'estiu. Pluges concentrades a la tardor i a la primavera, amb una forta sequera estival. Generalment, les precipitacions a penes hi superen els 300 l/m² anuals.

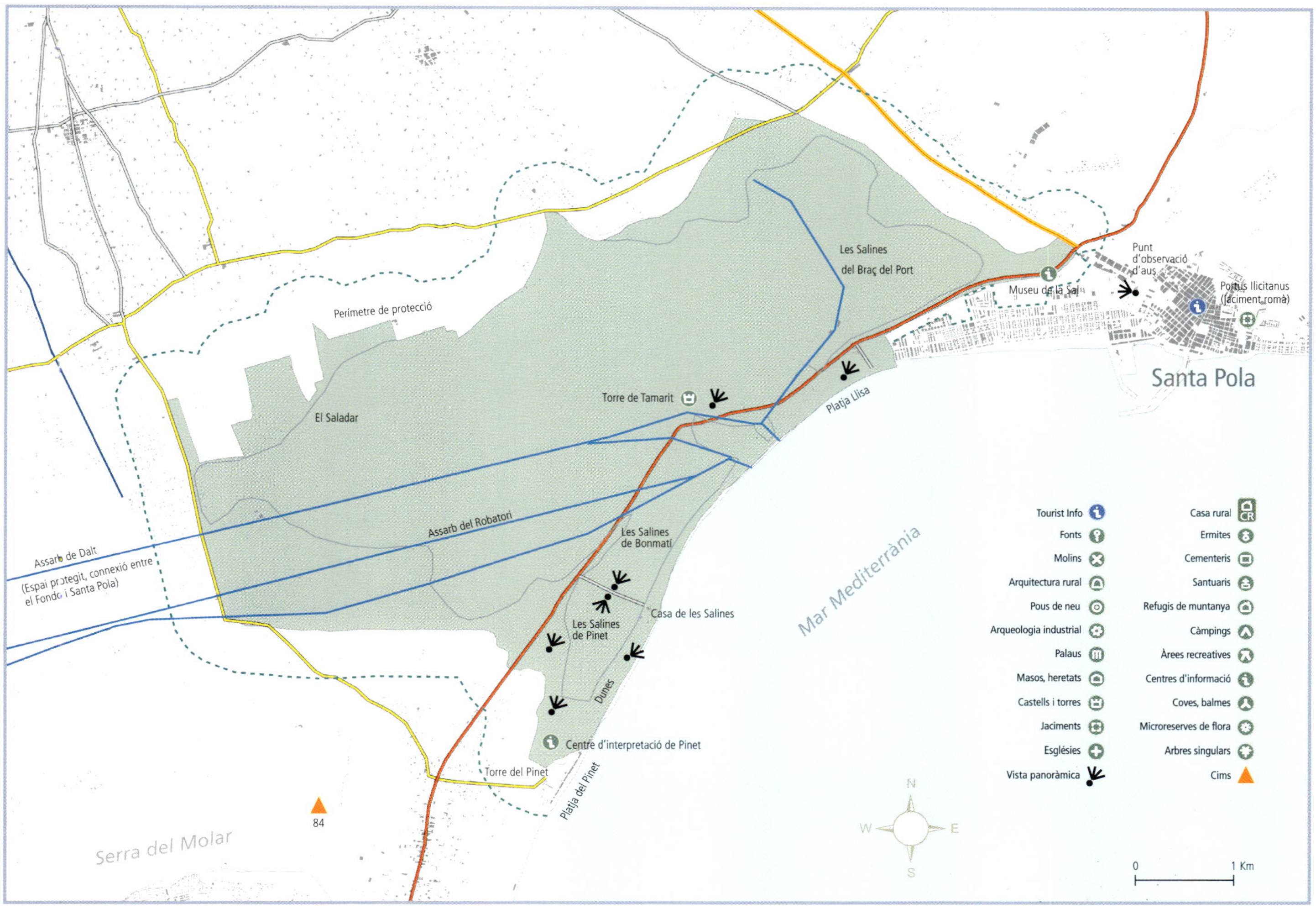

Litologia: Materials al·luvials i col·luvials, transformats pel regadiu, dipositats sobre una depressió tectònica resultant de l'orogènia alpina, ocupada primer per una albufera i posteriorment reblida per materials quaternaris. Tot el conjunt està separat de la mar per un cordó de dunes.

Itineraris: El visitant disposarà en breu de dos itineraris perfectament senyalitzats. Un s'iniciarà en el nou centre d'informació del Parc Natural, que està en obres, en les proximitats de la torre del Pinet. L'altre, ja en servei, es localitza prop de Santa Pola. Per a poder accedir a aquest últim, cal acostar-s'hi en horari d'obertura del Museu de la Sal.

Referències cartogràfiques:

Mapes de l'ign a escala 1:25.000 números 893-iv i.914-ii

Referències bibliogràfiques:

Serra, Lluís (1999): *La flora de Santa Pola*. Ed. Ajuntament de Santa Pola. Santa Pola.

Rigual Magallón, A. (1984): *Flora y vegetación de la provincia de Alicante*. Ed. Institut Gil-Albert, Diputació d'Alacant. Alacant.

Gil Delgado, J. A. (1986): *Aves nidificantes en la provincia de Alicante*. Ed. Institut Gil-Albert, Diputació d'Alacant. Alacant.

X.

El Fondo d'Elx

1 Introducció

Espills d'aigua entre palmeres

Quan pensem en els territoris més assolellats del nostre litoral meridional, els valencians ens imaginem un paisatge semidesèrtic, amb escasses precipitacions i muntanyes nues d'arbres, sense l'estrat arbori que tan bon refugi és per a la vida salvatge i per a l'emmagatzemament de les aigües de pluja i que ací és absent. Un pensa quasi en el desert.

Però al peu de les serres de Crevillent, de Callosa de Segura i d'Oriola, allà on s'obrin les hortes del Baix Segura, sobre el que era l'antic golf d'Elx, es localitza, entre altres, un ecosistema aquàtic singular per les seues característiques naturals i culturals, conegut com el Fondo.

El mirador del pantà de Ponent, ben ubicat i camuflat, és un lloc molt apreciat per ornitòlegs i persones amants de l'observació de les aus en llibertat.

El viatger, per poc observador que siga i manege la bibliografia pertinent, descobrirà, des d'un punt de vista geomorfològic, que el Fondo està situat en una fossa subsident on es localitza la marjal que el caracteritza, tota envoltada per materials detrítics, propis del quaternari, aportats pels rius Vinalopó i Segura, especialment per les terres arrossegades pel Vinalopó, ja que l'aiguamoll actual està als peus del con al·luvial d'aquest.

El Fondo, juntament amb els saladars de Santa Pola, és el que ara queda de l'antic golf d'Elx, el qual es va anar convertint, a poc a poc i a escala geològica, primer en una gran albufera gràcies a les aportacions, com ja hem dit, de terres sedimentàries quaternàries. Amb el pas del temps, l'albufera es va anar reblint amb aquests materials sedimentaris de manera natural. Al llarg d'aquest procés, les actuals llacunes o basses del Fondo i de Santa Pola formaven una sola làmina d'aigua que va anar transformant-se o desapareixent també per rebliments per a sanejar l'aiguamoll i convertir-lo en terra de cultiu. Probablement les primeres intervencions sobre les terres salobres de l'albufera d'Elx es remunten a les èpoques romana i àrab, encara que de ciència certa es parla d'intervencions d'importància en el segle XIII, a pesar que les més rellevants es remunten al més recent segle XVIII.

Pel que fa al clima, cal ressaltar que el de la zona on es localitza el Fondo no és massa amable per al visitant a l'estiu. Els estudiosos el denominen clima mediterrani litoral semiàrid. Pensem que la mitjana en el mes d'agost no hi abaixa dels 27°C, amb temperatures màximes que poden arribar a superar fàcilment els 40°C. L'hivern és, pels voltants del parc, una espècie de primavera, ja que les temperatures mitjanes al gener no solen abaixar dels 10°C, i són rars els dies en què s'acosten als 0°C. Dit en paraules del carrer, la calor és sufocant a l'estiu i el fred no arriba ni a molestar a l'hivern.

Quant a la pluja, privada com està l'horta del Segura i del Baix Vinalopó dels vents humits de tramuntana i de gregal per les

[Pàg. anterior] Un dels canals principals del pantà de Ponent amb els colors ocres dels canyars en despuntar les llums d'un dia de tardor. Al fons es perfila la serra de Callosa de Segura.

Les pluges de tardor reposen les aigües al pantà de Ponent. Les basses, construïdes i omplides artificialment, regulen el reg de l'entorn més pròxim a l'horta del Segura i a la del Baix Vinalopó. Els canyars que els envolten serveixen de refugi a l'hivern i de lloc segur de reproducció per a l'avifauna.

La imatge de les palmeres elevant-se cap al cel és habitual a la zona al voltant del Fondo. El palmerar d'Elx n'és la mostra més coneguda.

serralades Bètiques que corren de ponent a llevant, pràcticament no s'hi superen els 300 l/m^2 anuals, generalment. Els últims cinquanta anys, en l'entorn geogràfic on es localitza l'aiguamoll del Fondo, mai no s'han superat els 80 l/m^2 en 24 hores de pluja. D'aquesta realitat es desprén una altra conclusió: plou poc al llarg de tot l'any (màximes precipitacions a la tardor) i, per tant, l'existència de l'aiguamoll del Fondo depén més de les aportacions canalitzades de les aigües del Segura i de les sobrants dels regs que directament de la pluja que es produeix en el seu entorn geogràfic més pròxim.

Amb totes aquestes característiques, i atés el rigor del seu clima i l'escassetat de precipitacions, la zona humida del Fondo es mostra com un oasi de frescor i d'aigües de valor incalculable per a l'avifauna i, per què no reconéixer-ho?, també per a les persones, de manera que és un dels llocs més importants del nostre litoral, no sols per a espècies migratòries, sinó també com a lloc de nidificació, motius que han portat la Generalitat Valenciana a protegir-lo com a Parc Natural: un lloc protegit i excel·lentment aprofitat per biòlegs en general i per ornitòlegs en particular, que utilitzen de manera massiva les casetes d'observació d'ocells cada cap de setmana i al llarg de tot l'any.

2 El paisatge natural

El paradís de l'ànec capblanc

Quan els nombrosos turistes del litoral dels voltants de Guardamar i de Torrevella veuen el cartell que anuncia el Parc Natural del Fondo, pensen quasi automàticament en un espai natural que els sorprendrà per l'espectacularitat, atesa la declaració com a espai protegit. Si un dia decideixen acostar-s'hi, el que manifesten de primer tot just arribar-hi és el seu *desengany* davant d'un territori de relleu absolutament pla i uniforme. Però el que no saben és que el Fondo ha merescut la protecció no tant per l'espectacularitat dels seus paisatges, sinó per la importància que les seues basses d'aigua i ecosistemes associats tenen per a la conservació de la vida salvatge. El visitant hauria de valorar amb emoció la bellesa estètica d'un espai d'horitzons oberts amb unes làmines d'aigua espectaculars, rodejades per una vegetació exuberant. En aquest sentit, el paisatge natural del Fondo sorprendrà el visitant amb tres dels seus elements més cridaners: basses d'aigua, vegetació associada i fauna silvestre.

Les llacunes o basses de més extensió del parc, conegudes com a pantans de Llevant i de Ponent, aporten al paisatge aigües calmades que ocupen l'últim reducte del que era l'antiga albufera d'Elx. Si hui perviuen les aigües obertes com l'element principal del paisatge, a més de com a refugi i salvaguarda d'avifauna, es deu no tant al fet de ser les llacunes actuals el que queda de l'antiga albufera, sinó perquè aquestes basses han sigut construïdes i negades artificialment per regular les aigües de reg de les proximitats de l'horta del Segura i del Baix Vinalopó. De qualsevol manera, sense l'aigua no existirien els altres dos components característics d'aquest paradís natural: la vegetació i la vida salvatge.

Si arribem al Fondo amb les primeres llums d'un dia de tardor i sense núvols, observarem que un toc ocre banya la vegetació dominant de canyís. Aquest és el gran protagonista, que deixa poc espai per a les manifestacions estètiques d'altres plantes presents allí, com els joncs. Ara bé, mentre passegem entre joncs i canyissos, estarem en el domini de les aigües dolces i embassades del parc. Si dirigim el nostre passeig cap a les zones perifèriques, estarem davant d'espais d'aigües menys profundes, però de gran salinitat i de més bona qualitat

Durant la primavera, el Parc Natural del Fondo es mostra en tota la seua esplendor.

que les dels pantans. Són els llocs coneguts com a Saladars del Fondo. Hi trobarem les espècies dominants d'aquest tipus de zones, com la colorista herba salada, la cirialera, el salat ver i d'altres menys conegudes per al visitant neòfit com les ensopegueres, entre les quals destaquen endemismes del sud-est peninsular.

Conscientment, hem deixat per al final els grans protagonistes del paisatge natural del Fondo: la vida animal, entre la qual destaca l'avifauna. Però abans d'alçar la vista al cel, o rebuscar en les aigües envoltades de canyís on mengen, descansen o crien els ocells, deixem-nos sorprendre per rèptils com la sargantana cua-roja o la gambeta

[Dreta] La fotja comuna freqüenta el Fondo durant tot l'any.

[Baix] La magraneta de corb (*Cynomoron coccineum*) és una espècie paràsita d'arrels de plantes pròpies del saladar. Tan sols és visible uns dies a l'any, durant la floració, quan presenta una inflorescència curiosament carnosa en què es troben incrustades flors molt menudes.

[Esquerra] La rosseta té al Fondo una de les poques zones de cria de la Península i d'Europa. Des de la dècada dels setanta ha anat convertint-se en una espècie escassa com a nidificant.

[Dreta] L'ànec capblanc també és molt escàs als aiguamolls mediterranis. Al Fondo, la seua població representa el 90% del total peninsular.

d'aigua dolça, crustaci endèmic d'aigües dolces del litoral mediterrani. A més, per l'interior de les aigües també es pot gaudir amb la presència de l'anguila, la llissa i el ja conegut fartet, endèmic de la Mediterrània peninsular. Però és l'avifauna la gran atracció del Fondo. Per allí descobrirem espècies com els agrons rojos (quan nidifiquen), el martinet de nit, l'oroval, el sivert, el boix, la camallonga, la perdiu de mar, l'ànec cullerot o bragat, la fotja vulgar (fa uns anys se'n van arribar a comptabilitzar més de 30.000 exemplars a l'hivern, fet que no ocorre en l'actualitat) i l'àguila pescadora (molt escassa i amb poques dades sobre la seua nidificació en el litoral alacantí). Encara que les estreles enlluernadores de l'ecosistema del Fondo són la rosseta (que ha descobert en aquests pantans i en les tolles circumdants el lloc més segur de tot el conjunt d'aiguamolls d'Europa i el principal de la Península per a nidificar) i l'ànec capblanc, que té en el Fondo un dels més importants santuaris de tot el planeta.

De segur que una vegada descobertes les làmines d'aigua, la vegetació de colors canviants al llarg de l'any, i la sempre sorprenent presència d'ocells, el ciutadà corrent podrà tornar a casa amb una idea molt diferent del que és i no és un aiguamoll mediterrani digne de conéixer i de respectar.

3 El paisatge cultural

La lluita pel reg en terres salobres

El viatger, una vegada decidit a conéixer el Fondo, no entén, mentre es dirigeix cap al parc, com allò que se li ofereix és un espai natural, ja que pel camí, siga quin siga el seu accés al paratge, no troba més que entorns alterats per la mà de l'ésser humà. A més, la presència humana s'intueix com a molt antiga.

Estaria bé que tots sabérem que, igual que en la resta de territoris litorals valencians, la presència humana ha sigut constant des de temps prehistòrics en els voltants del parc actual. Així, els jaciments i les troballes arqueològiques ens parlen de la presència pròxima de la cultura ibèrica a les llomes muntanyoses dels voltants, encara que l'empremta humana més ben estudiada és la romana, a causa de l'abundància de vestigis trobats: la ciutat d'Ilici (situada uns 4 km al sud de l'actual Elx), al voltant de la qual se sap que passaven les vies romanes; senyals de centuriacions, al sud-oest de la ciutat d'Elx, és a dir, cultius en forma de quadrícula que ens donen a entendre que ja els romans explotaven la fertilitat de la plana quaternària; o els descobriments arqueològics de jaciments com els de l'Alcúdia (tresor amb joies, lingots d'or i tres monedes també d'or) o els de la Coronela (tresor de monedes d'època romana republicana).

És necessari, doncs, retrocedir en el temps per a comprendre més bé l'evolució del paisatge cultural del Fondo. Tant romans com àrabs van deixar empremta en aquest aiguamoll, per mitjà de processos de dessecació per a conquistar terres i convertir-les en cultivables, encara que les èpoques més ben estudiades, en les quals la intervenció humana va ser més important, es remunten al segle XIII i, especialment, al segle XVIII. És en aquest moment quan, d'una manera més sistemàtica i ambiciosa i mitjançant les bonificacions del cardenal Belluga, es porta endavant, a costa de l'aiguamoll, la colonització i l'ampliació de nous terrenys de cultius i el sanejament de les zones inundades. Cal recordar que el botànic Cavanilles era un dels defensors de la desaparició de les nostres zones palustres a causa de la seua insalubritat. En aquell moment es construeixen assarbs que canalitzen les aigües de la zona humida fins a la mar, o vessaments fins al mateix riu Segura. Tan sols va quedar sense dessecar, per decisió personal, la Bassa Llarguera, propietat del marqués d'Elx. Bàsicament sobre aquesta es van construir els pantans actuals de Llevant i de Ponent.

El procés va ser imparable des d'aleshores, encara que el període més rellevant per a

Les barques planes que encara perviuen a les làmines d'aigua dels pantans de Llevant i Ponent van ser utilitzades pels pescadors a partir del 1979. Hui es troben en desús, ja que no resulta rendible l'activitat piscícola desenvolupada com a alternativa a la baixa productivitat agrícola, a causa de la salinització de les terres a mitjan segle XX. Els usuaris actuals de les barques planes són tan sols els vigilants i els ornitòlegs del paratge protegit, per a poder accedir a qualsevol racó dels pantans en funcions de salvaguarda i control de l'avifauna del Parc Natural.

comprendre més bé el procés que acaba configurant el Fondo tal com és en l'actualitat es va donar entre el 1918 i el 1948: entre aquests anys es construeixen els actuals pantans reguladors de Llevant (450 ha i 5 milions de m^3) i de Ponent (650 ha i 11 milions de m^3) sobre la Bassa Llarguera, i una xarxa de canals de 229 km de longitud. Els pantans s'utilitzen com a dipòsits d'aigua de reg per a les terres dels voltants del riu Segura. Aquests pantans reben aigües sobrants del Segura transportades des de la seua desembocadura a Guardamar i elevades mitjançant unes centrals, de les quals podem contemplar una bona mostra en la porta nord d'accés al parc. En la porta d'entrada d'un voluminós edifici podem llegir: «Riegos de Levante. 2ª elevación».

Aquesta canonada-turbina dels antics sistemes de reg, hui convertida en escultura irreal, rep el visitant a la zona del Parc Natural dels pantans de Llevant i de Ponent. El canal de Regs de Llevant constitueix una xarxa total de 229 km, construïts entre el 1918 i el 1948. A la dreta d'aquesta peculiar escultura s'alça un edifici amb un rètol a la porta d'entrada en què es pot llegir: «Regs de Llevant. 2a elevació». Es tracta d'una central d'elevació de les aigües per a fer-les arribar als camps de cultius des dels pantans de cota més baixa.

Tot aquest sistema de regs funcionava amb més o menys rendibilitat per als agricultors de la zona, però, temps després, i atesa la baixa productivitat de les collites per l'excessiva salinitat de les terres, els propietaris mateixos d'aquestes i dels pantans van crear, a partir del 1979, una sèrie de llacunes al voltant de les de Llevant i Ponent amb finalitats cinegètiques i piscícoles. Les barques planes que encara queden a les làmines d'aigua dels pantans de Llevant i Ponent recorden aquesta activitat ja marginal. D'aquesta manera, combinant la utilització primera dels pantans per a reg, i la creació de llacunes posteriors com un intent de rendibilitzar-les, es va donar lloc, de manera no intencionada, a l'aparició d'un espai humit que va ser declarat Espai Protegit el 1988. Hui, els pantans de Llevant i de Ponent encara continuen utilitzant-se per al reg, tal com es pot veure en les 40.000 ha cultivades, aproximadament, que els envolten entre Oriola i Sant Joan.

Així doncs, el paisatge cultural del Fondo, que té la màxima expressió plàstica en totes aquestes obres i infraestructures de sanejament, agrícoles i cinegètiques, es complementa també, en el seu entorn més pròxim, amb harmoniosos mosaics d'horta, en els quals predominen els cultius de cotó, alfals per a farratge i cereal, tots decorats i rodejats per elegants palmerars, contrapunt personalíssim d'un lloc natural fortament dominat per l'home i ple, per tant, de manifestacions culturals propiciades per aquest.

4 El Fondo d'Elx hui

L'evolució històrica del paisatge natural i cultural ha deixat el Fondo convertit en l'actualitat en un aiguamoll, protegit, en gran part, per la figura de Paratge Natural des del 1988, i de Parc Natural des del 1994. L'espai protegit s'estén per un total de 2.387 ha, que comprenen els pantans de Llevant i de Ponent ja esmentats, així com diferents llacunes de menys superfície i àmplies zones de saladars. Per als més curiosos, cal mencionar que, administrativament parlant, el Parc Natural es localitza al si dels termes municipals d'Elx i de Crevillent, encara que el nucli urbà més pròxim és la pedania o poblet de Sant Felip Neri, molt prop del qual es va inaugurar l'any 2002 un centre d'informació del parc enlluernador i ben preparat.

En aquest centre es disposa d'installacions audiovisuals, entre les quals destaca l'emissió, a través d'un monitor que transmet en directe, de les imatges captades per una càmera fixa localitzada en l'interior de la zona més sensible del parc, allà on nidifica i fa vida quotidiana el més representatiu de l'avifauna de l'aiguamoll. Des d'aquest nou centre d'informació es pot visitar la part més a l'oest del pantà de Ponent, allà pels voltants de l'assarb del Riacho, on l'antiga Conselleria de Medi Ambient, hui Conselleria de Territori i Habitatge, ha rehabilitat una sèrie de tolles al paratge conegut com el Racó. El passeig no resulta molt recomanable a l'estiu a causa de les altes temperatures de la zona.

També es pot visitar el Fondo des de la part nord, on es localitza la segona elevació de regs de Llevant, sens dubte el millor passeig per a gaudir del cor del Parc Natural. Un itinerari d'anada i tornada, perfectament senyalitzat, dóna accés a tres observatoris ubicats i dissimulats de manera immillorable, sobre els pantans de Llevant i de Ponent, un paradís privilegiat per als ornitòlegs i per a

Molt prop de la pedania o llogarret de Sant Felip Neri, ha sigut inaugurat recentment un Centre d'Informació del Parc. Des d'allí es pot visitar, mitjançant un itinerari senyalitzat, la part més occidental del pantà de Ponent, allà pels voltants de l'assarb del Riacho.

qualsevol persona sensible davant de la visió de la vida salvatge, especialment de l'avifauna en llibertat.

Pel que fa a la realitat socioeconòmica i ambiental del parc, cal assenyalar que encara es permet la caça entre els mesos d'octubre i gener, si bé només a les tolles perifèriques; però no als pantans, en els quals, gràcies a una forta pressió dels grups conservacionistes, no es caça des del 1996. Quant a la pesca, està autoritzada només la captura amb mètodes tradicionals de la llissa i de l'anguila.

No obstant això, una activitat com la sega del jonc, que a Crevillent s'utilitzava per a elaborar estores, venudes després directament en ciutats cosmopolites com París, ha caigut en desús. Però, a pesar de tot, l'activitat econòmica més rellevant als voltants de l'aiguamoll estricte és l'agrícola: gràcies a aquesta es van construir en el seu dia els pantans, i la seua permanència, encara hui, contribueix a l'existència de les àmplies extensions d'aigua en una zona semideserta.

Més trista i dura és la realitat ambiental del Fondo: si pensem que les aigües que s'hi embassen són les sobrants del riu Segura, només hem d'acostar-nos al seu llit i observar-ne el lamentable estat fisicoquímic per a imaginar l'escassa qualitat biològica de les aigües del parc. Aquest fet està donant com a resultat una important pèrdua de vegetació, per no parlar de la mala gestió de les explotacions piscícoles, dels incendis reiterats (tres només l'any 2002, que van afectar més de 5.000 m^2 de vegetació palustre), dels abocaments incontrolats d'aigües residuals, dels abocadors il·legals, etc.

En definitiva, tot un grapat de problemes ambientals que fan necessari un control més gran del conjunt d'aquest privilegiat oasi per a l'avifauna europea. Pensem que no debades, a més de la declaració autonòmica com a Parc Natural, el Fondo ha sigut declarat Zona d'Especial Protecció per a les Aus (ZEPA), a causa de la presència, més o menys habitual, d'espècies com el martinet menut, el martinet ros, el bernat pescaire, l'agró roig, la rosseta, la camallonga, la perdiu de mar o el xatrac menut. A més, aquest aiguamoll està inclòs en el conveni RAMSAR de protecció de zones humides i, des de la primavera del 2002, figura en el Catàleg de Zones Humides de la Generalitat Valenciana, formant part, d'aquesta manera, de la xarxa valenciana proposada per la Generalitat per a ser inclòs en la xarxa europea Natura 2000 de Llocs d'Interés Comunitari (LIC). Aleshores, una pregunta s'obri pas: com és possible, doncs, tal nivell de degradació d'aquest aiguamoll, espill d'aigües i orgull de les ciutats d'Elx i de Crevillent?

La tradicional comporta de regulació de les aigües del canal principal de Regs de Llevant i la seua passarel·la de servei configuren hui un lloc agradable, especialment les primeres hores dels matins d'hivern. Al seu voltant, i a la banda que mira cap al pantà de Ponent, s'ha instal·lat un observatori d'ocells perfectament camuflat que, en èpoques de cria i hivernació, és molt sol·licitat per estudiants i ornitòlegs. Per a tenir accés a aquest mirador i al camí del canal, fa falta demanar-ne permís a l'autoritat corresponent.

NOM: El Fondo.

SUPERFÍCIE: 2.387,24 ha.

COMARCA: el Baix Vinalopó.

MUNICIPIS: Elx i Crevillent.

SITUACIÓ LEGAL: Parc Natural en el marc de la Llei d'Espais Naturals Protegits de la Comunitat Valenciana del 1994. Forma part de la proposta de la Generalitat Valenciana per a ser inclòs en la xarxa europea Natura 2000 de Llocs d'Interés Comunitari (LIC). El Fondo també és Zona d'Especial Protecció per a les Aus (ZEPA), a més d'estar inclòs en el conveni RAMSAR de protecció de zones humides i, des de l'any 2002, forma part del Catàleg de Zones Humides del Govern Valencià.

Comportes dels canals de les Salines.

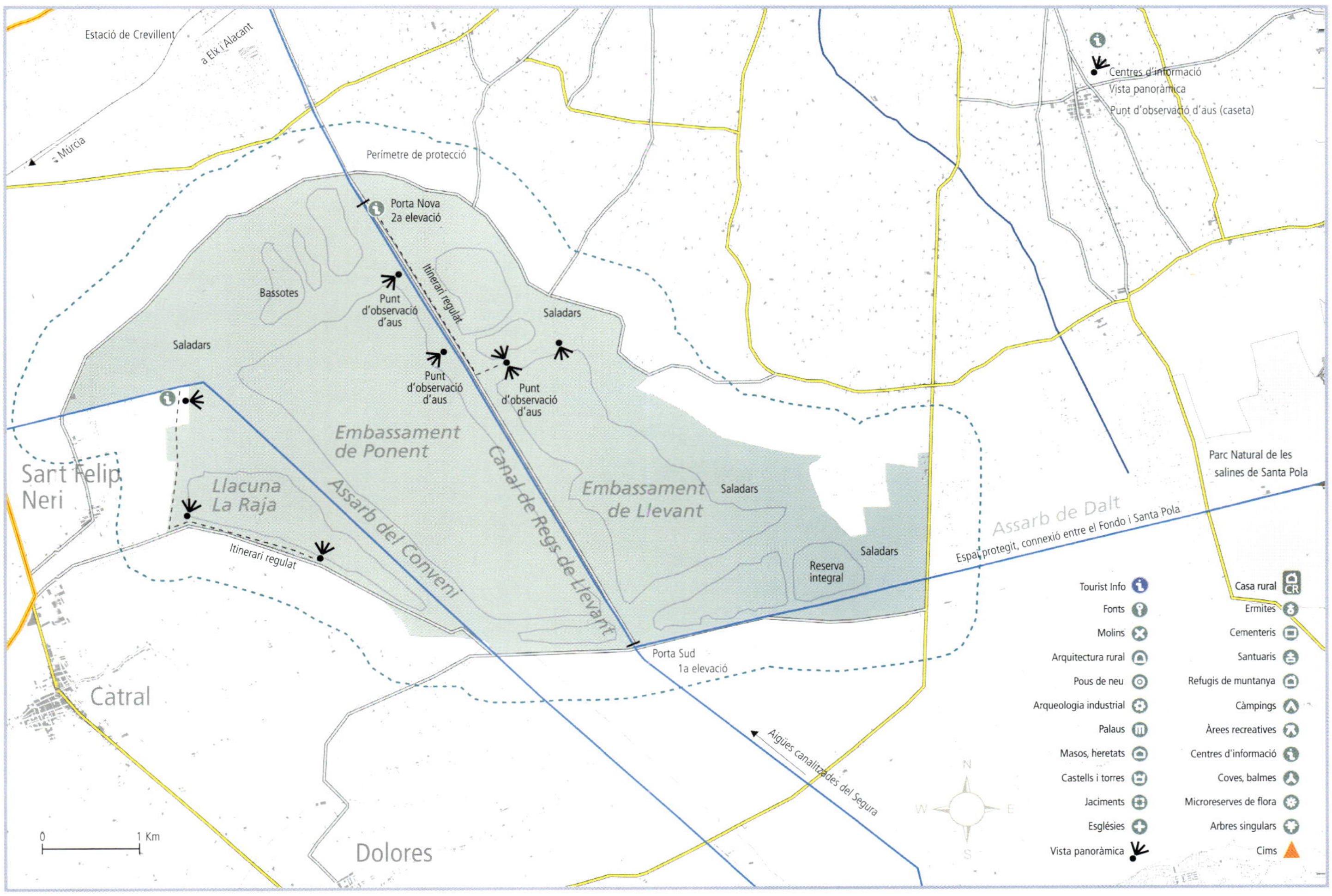

CLIMA: Del litoral meridional. Temperatures suaus a l'hivern i molt elevades a l'estiu. Pluges concentrades a la tardor i a la primavera, amb una sequera estival forta. Generalment, les precipitacions amb prou faenes hi superen els 300 l/m² anuals.

LITOLOGIA: Materials al·luvials i col·luvials, transformats pel regadiu, dipositats sobre una depressió tectònica resultant de l'orogènia alpina, ocupada primer per una albufera i posteriorment reblida per materials quaternaris.

ITINERARIS: El visitant disposa de dos itineraris perfectament senyalitzats. Un té l'inici en el nou centre d'informació del Parc Natural, prop de la localitat de Sant Felip Neri. L'altre, el més atractiu, es localitza al nord del Fondo, al voltant de la 2a elevació dels regs de Llevant. Per a poder accedir a aquest itinerari cal autorització prèvia.

REFERÈNCIES CARTOGRÀFIQUES: Mapes de l'IGN a escala 1:25.000 números 893-III i 914-I.

REFERÈNCIES BIBLIOGRÀFIQUES:

ANDARIAS DURÁ, E. (1986): *El Parque Natural de El Hondo y su zona de influencia en el término municipal de Crevillent*. Ed. CAM, Aj. de Crevillent i Cooperativa Elèctrica San Francisco de Asís. Crevillent.

DAMIÁN, José (1988): *Estudio ornitológico de El Hondo*. Ed. CAM. Alacant.

Flora y vegetación de la provincia de Alicante. Ed. Institut Gil-Albert i Diputació d'Alacant. Alacant.

RICO, L. i GIL DELGADO, J. A. (1986): *Aves nidificantes en la provincia de Alicante*. Ed. Institut Gil-Albert i Diputació d'Alacant. Alacant.

XI.
Les llacunes de la Mata-Torrevella

1 INTRODUCCIÓ
Dues làmines d'aigua prop d'un litoral fortament urbanitzat

BAIXANT CAP AL SUD A LA RECERCA DELS límits territorials de les terres valencianes, i deixant enrere les salines de Santa Pola i el Fondo, creuarem el riu Segura, hui ferit de mort biològica, per a trobar-nos de sobte davant d'un conjunt de dues llacunes protegides actualment com a Parc Natural (les de la Mata i Torrevella). Ambdues tanquen el que els estudiosos de les zones palustres coneixen com a triangle humit alacantí. L'espai protegit s'estén sobre un total de 4.154 ha (amb l'última ampliació de 454 ha l'any 2002). El parc inclou dues zones: la llacuna de Torrevella, amb 1.400 ha, i la de la Mata, amb 700 ha, les quals abracen superfícies més grans que les seues veïnes del Fondo i de Santa Pola; la de Torrevella suposa el segon espai d'aigua de més superfície de les terres valencianes després de l'Albufera de València. La resta, 2.054 ha, correspon a les vores de canyís, les zones de saladars, la zona de muntanya d'El Chaparral i els pinars del sud de la llacuna de la Mata. A més, el parc té una franja de protecció d'uns 500 m d'amplària ocupada bàsicament per cultius (horta, vinya...). Les dues llacunes, connectades entre si mitjançant un canal, formen la *fàbrica* de sal valenciana més gran, complement de la pròxima indústria de les salines de Santa Pola.

La complementarietat i la similitud dels tres aiguamolls es dóna en molts altres aspectes. En el geològic, la zona de les llacunes de la Mata tanca pel sud la conca d'Elx mitjançant la falla de Sant Miquel de les Salines, així com una sèrie de relleus en forma d'anticlinals de l'època terciària. Pel que fa a les dues llacunes estrictes, quan un passeja entre l'una i l'altra està fent-ho sobre un petit anticlinal que separa les dues conques hidrogràfiques de cada llacuna.

La vegetació que envolta les llacunes de la Mata-Torrevella està constituïda per diverses espècies adaptades a les diferents condicions d'humitat i de salinitat. Si ens allunyem un poc de la làmina d'aigua, dominen els joncs i el canyís, espècies higròfites (no aquàtiques) que creixen en terra ferma i suporten bé certs períodes d'inundació.

Pel que fa a la litologia, res no diferencia el substrat de la Mata i Torrevella de les seues veïnes el Fondo i les salines de Santa Pola: abundants materials de llims, còdols encrostats d'origen quaternari, així com una sèrie d'al·luvions o glacis detrítics que arrosseguen materials dels plecs pròxims, especialment de l'anticlinal d'El Chaparral. Com les salines de Santa Pola, les llacunes estan separades de la mar per un cordó o restinga litoral de dunes i platges fortament urbanitzades a causa de les servituds del turisme de sol i platja.

Quant al clima, fonamental en aquest cas per a comprendre l'explotació salinera o la forta ocupació turística del litoral, és denominat pels investigadors clima mediterrani litoral semiàrid, cosa que significa que fa molta calor a l'estiu, període estacional en què, a més, les pluges hi són escasses o inexistents. Al contrari, a l'hivern és un paradís per a l'avifauna del nord d'Europa que fuig de les temperatures baixes, i per a les persones, que

[Pàg. anterior] Capvespre cromàtic a la llacuna de Torrevella, una vesprada de tardor.

anys, i pel que fa a l'entorn geogràfic on es localitza l'aiguamoll de les llacunes de la Mata i Torrevella, mai no s'han superat els 80 l/m^2 en 24 hores de pluja. S'imposa, doncs, una conclusió: hi plou poc al llarg de tot l'any (un poc més a la tardor) i, per tant, l'existència de les dues làmines d'aigua depén més de la seua connexió amb la mar mitjançant dos canals que creen un circuit d'entrada-eixida, que directament de la pluja que es mesura a l'entorn geogràfic més pròxim.

Atesa la forta urbanització dels voltants de les llacunes de la Mata i Torrevella, aques-

Atesa l'ocupació urbanística tan forta al perímetre de la llacuna de Torrevella, gaudir d'una posta de sol tan sols és possible acostant-se fins a les riberes, seguint la via del ferrocarril que unia Albatera amb el port de Torrevella i l'explotació salinera al llarg de 26 km.

troben en aquest clima les temperatures més suaus de tot el continent.

Dit en paraules més tècniques: la mitjana al mes d'agost no abaixa dels 27ºC, amb temperatures màximes que poden arribar a superar fàcilment els 40ºC. L'hivern és, en els voltants de les dues llacunes, una mena de primavera permanent, perquè la temperatura mitjana al gener no sol abaixar dels 10ºC, i són rars els dies en què s'acosta als 0ºC. Pel que fa a la pluja, generalment no s'hi superen els 300 l/m^2 anuals. Els últims cinquanta

tes s'han convertit no sols en oasi imprescindible per a la vida silvestre, sinó que també han derivat en indústria rendible i sobretot en pulmó i horitzons oberts entre una densa urbanització que, sense la qualitat visual que aporten les llacunes, acabaria convertint el litoral de les proximitats de Torrevella en un territori inhòspit i de baixa qualitat de vida.

Residència d'hivern del cabussó collnegre

Parlar de paisatge natural en l'interior i les proximitats del Parc Natural de les llacunes de la Mata i Torrevella sembla una quimera. Les dues llacunes estan fortament intervingudes per la mà humana per a produir sal, mentre que, pels seus voltants i per la línia de costa més pròxima, s'està donant en l'última dècada la pressió urbanística més forta de tot el litoral valencià. Així i tot, l'espai obert de les làmines d'aigua, la vegetació associada a les zones palustres i salobres i la vida silvestre animal ens recorden que encara hi ha en les llacunes de la Mata i Torrevella elements suficients del paisatge natural que mereixen aquest nom, tal com ho confirma el fet que les dues llacunes siguen espai natural protegit. Anem a pams.

El que hui podem observar com a àmplies llacunes configuradores de paisatge, sembla que no han sigut mai albuferes i que, com a depressions geològiques tancades, tan sols han pogut arribar a convertir-se en llacunes mitjançant canals artificials que històricament les han comunicades entre si i amb la mar.

Ja en siga l'origen més o menys humà o natural, la veritat és que el paisatge valencià de més al sud té en aquestes dues llacunes un ecosistema que mostra, en primer lloc, una de les seues cares més visuals: la vegetal. El ciutadà amant dels paisatges vegetals podrà anar descobrint, a través dels itineraris senyalitzats, i dels que organitze pel seu compte, que la vegetació dominant és la dels saladars. Aquesta vegetació, especialitzada per l'adaptació a ambients d'aigua amb una concentració alta de sal, ens mostra espècies poc habituals en la resta del territori valencià, entre les quals destaca l'herba salada, salicòrnia o cirialera i espècies d'ensopegall. Poc espai lliure deixa la vegetació de saladar, però, tot i això, també trobarem a les llacunes de la Mata i Torrevella altres comunitats palustres rellevants, com els canyissars i les jonqueres, localitzats principalment en el nord de la llacuna de la Mata (una vertadera mar de canyís i joncs impenetrable i, en conseqüència, refugi privilegiat per a l'avifauna). En la resta dels voltants de les llacunes també trobarem vegetació de matoll, a més de l'única zona arborada de tot el conjunt del parc: ens referim al pinar que, amb espècies

La llacuna de la Mata és el lloc de la Península on es donen les concentracions més grans del cabussó collnegre. A pesar de no ser nidificant, durant l'època de migració, des d'agost i setembre fins a abril, poden arribar a comptabilitzar-se al voltant de 3.000 individus.

com el pi pinyoner i el pi blanc, aporten al conjunt del paisatge un element que trenca amb la monotonia de l'horitzó humit, més enllà de la duresa dels edificis impersonals que envolten les llacunes. En aquest sentit, poc importa que el pinar siga resultat d'una repoblació artificiosa.

Però, igual que al Fondo d'Elx i a les salines de Santa Pola, la vertadera protagonista del paisatge natural és la vida animal silvestre i, en especial, l'avifauna. Aquestes llacunes de la Mata i Torrevella són fonamentals no solament en els cicles migratoris de moltes d'aquestes espècies, sinó també com a llocs de nidificació. Hi abunden també les espècies residents i unes altres centrades en l'època estival, per la qual cosa els censos d'ocells més recents parlen de prop d'un centenar d'espècies diferents al voltant de les dues llacunes. De les espècies més cridaneres i més fàcils d'observar per al ciutadà corrent, com el flamenc, a altres espècies més delicades

[Pàg. 130 i 131 dalt] Des del Centre d'informació de la pedania de Torre de la mata (Torrelamata) parteix un itinerari senyalitzat que proposa diferents parades d'observació. Des d'aquest observatori de fusta que mostra la imatge, es gaudeix d'una de les panoràmiques de conjunt més cridaneres del llac.

[Pàg. 131 baix] Als marges de les llacunes de la Mata-Torrevella, on arriba poca aigua dolça durant tot l'any, la salinitat elevada condiciona la vegetació a causa del rigor d'un medi hipersalí. En el matoll del saladar dominen espècies del gènere de les herbes salades, salat blanc o salicòrnia.

[Esquerra] L'*Artemia salina* és un crustaci menut de 6 a 10 mm de longitud, d'un gran interés ecològic perquè serveix d'aliment base de moltes espècies d'ocells.

[Dreta] El corriol camanegre és un limícola menut que, a les llacunes de la Mata, pot ser vist durant tot l'hivern.

[Dalt] El matoll salí està format per espècies d'herbes salades, com la salicòrnia, que tenen una tija carnosa i articulada. Per eliminar l'excés de sal que hi ha en els seus teixits interns, la concentren en determinades branques que finalment s'assequen totalment i moren.

[Dreta] La bufalaga és un arbust que pot arribar fins a un metre d'alçària. Les flors, grogues i un poc pubescents, no sobrepassen els 4-5 mm.

com les nidificants camallonga i bec d'alena, passant per un ampli ventall d'ànecs com el sivert, l'ànec collverd, l'ànec xiulador, i altres com el cabussó collnegre, el xatrac d'albufera i el corriol camanegre. Totes ennobleixen el paisatge amb els gralls i el savi vol sobre un horitzó espectacular, especialment els capvespres i les albes d'hivern i de primavera.

L'abundància a les llacunes de la Mata i Torrevella de moltes de les espècies empadronades allí es deu, entre altres, a dos factors especialment cridaners i peculiars d'aquest paratge natural. El primer té a veure amb la temporada de caça: quan la veda s'obri en les veïnes zones humides del Fondo i de les salines de Santa Pola, moltes espècies d'anàtids busquen refugi i salvaguarda en aquestes dues llacunes de la Mata i de Torrevella declarades Refugi Nacional de caça des del 1989. L'altre factor, compartit amb les salines de Santa Pola, és l'existència de l'invertebrat conegut amb el nom d'*Artemia salina,* aliment fonamental, al costat de les larves de molts mosquits, per a l'avifauna. A més, i com ja havíem explicat en el capítol dedicat a les salines de Santa Pola, l'*Artemia* també és un factor rellevant en l'explicació del cicle biològic que crea amb l'avifauna per a millorar l'explotació salinera i contribuir a les tonalitats canviants de les aigües rosàcies d'aquestes llacunes.

Tres canals i dues llacunes al servei de la indústria de la sal

Per més que el viatger, en arribar a les llacunes de la Mata i Torrevella, posem per cas des d'Elx i per Rojals (Rojales), trobe tot el paisatge fortament urbanitzat en l'actualitat, la presència i la utilització per part de l'ésser humà d'aquest lloc de litoral privilegiat són molt antigues.

Com bé sabem els valencians, tot el nostre litoral ha sigut terra de pas de moltes de les cultures mediterrànies des de temps prehistòrics. Però els jaciments i les troballes arqueològiques ens parlen amb prou certesa de la pròxima presència ibèrica a les serralades dels voltants. Aquest és el cas del jaciment del castell de Guardamar, on s'han trobat restes d'un edifici de culte de datació tardoibèrica. El lloc va ser ocupat posteriorment durant els primers segles de dominació romana (troballes de ceràmica de vernís negre i de terra sigil·lada del període altoimperial, llànties...). La presència romana també es pot rastrejar en un ancoratge a la Mata, prop de la llacuna i del nucli urbà de Torrelamata. S'hi han descobert, segons els investigadors, restes d'un espigó amb un mur de maçoneria i carreus. Aquest mateix lloc va ser utilitzat també en època baixmedieval i després durant el segle XVIII.

Però, pel que fa a les llacunes estrictes i a la seua explotació per part de les persones, la mirada enrere és més recent. Encara que hi ha un abans que parla de l'intent d'explotar aquest entorn com a zona de pesca, i a pesar que tot va acabar en fracàs, aquesta n'és, amb poques paraules, la història. Encara que es tenen notícies datades de l'ús de les llacunes l'any 1321 (moment en què les dues van ser cedides per la Corona a la ciutat d'Oriola, sembla que amb la condició de no cedir la propietat a altri), va ser l'any 1389 quan la Corona va accedir que la ciutat d'Oriola intentara transformar la llacuna de Torrevella en albufera per a explotar-la per a la pesca. Quasi 100 anys més tard, després de l'autorització reial, es du a terme l'execució d'una séquia o canal per al pas dels peixos fins al llac, però la forta salinitat d'aquesta no va permetre l'arribada de la pesca suficient per a fer-ne una explotació rendible. Conseqüència d'aquest fet va ser la renúncia de la ciutat d'Oriola a la donació. Però no seria fins a l'any 1759 que es publicaria la Reial Ordre que permetia la reversió de la propietat de les llacunes a l'Estat. La finalitat última de la Reial Ordre era comprovar la possibilitat d'explotar les llacunes com a productores de sal. Les proves d'extracció van demostrar la bona qualitat de la sal de la llacuna de la Mata. Aquest va ser l'inici de les primeres extraccions, encara que posteriorment, per les millorades condicions d'embarcament, tota la tecnologia i totes les instal·lacions d'explotació van passar a la llacuna de Torrevella, on continuen actualment. Fins a l'actualitat, l'arrendament de l'explotació de sal de les llacunes ha passat per diferents companyies privades, fins que l'any 1950 arriba a les mans de l'actual empresa d'explotació: Nueva Compañía Arrendataria de las Salinas de Torrevieja y la Mata.

A les vores de la llacuna de Torrevella, l'evaporació de l'aigua, després de períodes de molta insolació, va deixant un rastre de cristalls de sal precipitada. El resultat és un mantell llis de sòl sobre el qual es formen una infinitat de gotetes de sal molt menudes que donen un aspecte rugós i brillant als marges de la llacuna.

Des de l'any 1950, les salines de Torrevella són explotades per la Nueva Compañía Arrendataria de las Salinas de Torrevieja y la Mata. A la llacuna de Torrevella es fa l'extracció física de la sal, que forma estètiques piràmides blanques que retallen el blau del cel del migdia valencià.

El visitant atent podrà descobrir, amb poques paraules, com funciona el sistema d'extracció de sal en el conjunt de les dues llacunes. L'esquema és bastant senzill: les dues llacunes estan comunicades amb la mar i entre si per tres canals regulats amb comportes. Tots aquests són coneguts amb el mateix nom: canal de les Salines. El canal que comunica la mar amb la llacuna de Torrevella ho fa des de la platja d'El Acequión, en clara referència toponímica al canal. D'altra banda, el canal que comunica les dues llacunes ho fa al nord de la de Torrevella i connecta amb la de la Mata el ponent de la seua làmina d'aigua, on la distància entre les dues llacunes és més curta.

La llacuna de la Mata fa el paper de gran magatzem, mentre que a la de Torrevella es fa l'extracció física de la sal. Però, a diferència de les salines de Santa Pola, en aquest circuit de les dues llacunes trobem dues singularitats: es tracta de la injecció, en el cicle natural de les llacunes, de sal procedent del dom salí del Pinós (el Pinós de Monòver), localitzat a més de 60 km de les llacunes i antic punt miner d'explotació salinera. La sal o salmorra del Pinós augmenta la concentració de sal, la qual cosa accelera els processos de cristallització i precipitació, de manera que s'eleva el rendiment de l'explotació salinera. Una altra peculiaritat d'aquestes salines és que la cristal·lització de la sal en el fons de la llacuna de Torrevella es fa sota una capa d'aigua saturada de sal (o salmorra) de prop d'1 m de gruix. Com a conseqüència, l'extracció necessita dos tipus de barques; una amb unes pales que arranquen la capa de sal del fons del llac, i una altra que transporta els blocs de sal fins a les instal·lacions, on és llavada, assecada i envasada.

4 Les llacunes de la Mata-Torrevella hui

L'evolució històrica del paisatge natural i cultural, tal com s'ha desenvolupat al llarg de la història més recent, ha permés que hui les llacunes de la Mata i Torrevella tinguen prou valor ambiental per a convertir-se en una zona palustre protegida. És Paratge Natural des del 1988, i Parc Natural des del 1994, així com Zona d'Especial Protecció per a les Aus (ZEPA). D'altra banda, aquest aiguamoll està inclòs en el conveni RAMSAR de protecció de zones humides i, des de l'any 2002, forma part del Catàleg de Zones Humides del Govern valencià i de la proposta per a ser inclòs en la xarxa europea Natura 2000 de Llocs d'Interés Comunitari (LIC).

Molt prop de la pedania de Torrelamata i al si del terme municipal de Guardamar de Segura, es localitza un centre d'informació, que depén de la Conselleria de Territori i Habitatge, rejovenit i acceptablement preparat. S'hi pot gaudir de tota classe d'instal·lacions didàctiques, entre les quals destaca un reproductor que transmet, en directe, les imatges d'una càmera fixa localitzada en l'interior de la zona més íntima del parc, lloc on es desenvolupa la vida quotidiana de l'avifauna.

Des del centre d'informació arranca un itinerari principal, amb bicicleta o a peu, que proposa diferents parades d'observació: el Terrabastall, El Acequión, els observatoris i la zona del pinar, que permeten la visita circular a la llacuna de la Mata. No obstant això, de manera oficial, cap itinerari permet l'aproximació a la de Torrevella. Fa anys la companyia arrendatària autoritzava les visites a les seues instal·lacions de manera més o menys fluida i amable. Ara, encara que hi és possible la visita (tan sols els dimarts a la vesprada i havent-hi concertat abans el passeig), cada vegada hi tenen més recel. D'aquesta manera, si algun ciutadà vol gaudir amb intensitat de la llacuna de Torrevella, descartats els camins de servei de l'explotació salinera, poques opcions té d'acostar-se a la làmina d'aigua. Tot un continu d'urbanitzacions i finques privades (agrícoles i de segona residència) envolten la llacuna, de tal manera que el cinturó urbanitzat impedeix un contacte harmoniós i intens amb aquest espai de natura privilegiada. És una llàstima que es negue al visitant el dret més elemental a gaudir de les àmplies panoràmiques que, per exemple, es poden albirar des dels últims contraforts de la serra de Sant Miquel de les Salines. Però, de manera indirecta, un pot acostar-se fins a l'aigua de la llacuna. Es tracta de la plataforma abandonada del ferrocarril que unia l'estació d'Albatera amb el port de Torrevella i

Al llarg de l'itinerari [també pàg. següent, dalt] que parteix des del Centre d'Informació de la pedania de Torre de la Mata, es pot accedir a diferents observatoris d'aus hàbilment camuflats pels materials utilitzats (canyís i fusta). La ubicació en llocs estratègics de la ribera de la llacuna de la Mata els converteix en un mirador excepcional per a l'observació amb detall de l'avifauna. En èpoques d'hivernada o de cria, solen ser ocupats massivament per ornitòlegs proveïts de prismàtics espectaculars i d'equips fotogràfics especials. Accedir-hi i utilitzar aquest material és gratuït; exigeixen del visitant la màxima atenció per a conservar-los, i una prudència extrema per a l'observació respectuosa dels ocells.

[Dalt] Diversos canals i séquies comuniquen les salines entre si i aquestes amb la mar. A la dreta, el canal que connecta la llacuna de la Mata amb la mar, construït al final del segle XIX. El canal de les Salines comunica les dues salines de la Mata i Torrevella i El Acequión; construït a la darreria del segle XV amb finalitat piscícola, serveix d'enllaç entre la llacuna de Torrevella i la mar.

[Baix] La zona del pinar (pi blanc de repoblació) és una àrea recreativa preparada a les vores de la llacuna de la Mata, i punt final de l'itinerari que ix del Centre d'Informació de Torrelamata. Allí es pot gaudir de l'ombra que falta a la resta de l'entorn i utilitzar-ne les instal·lacions tan acollidores.

l'explotació salinera: 26 km de via que van ser construïts per la Compañía de los Ferrocarriles Andaluces el 1884 com a ramal de la seua línia Múrcia-Alacant, i que va deixar de prestar servei de viatgers el 1970, mentre que va mantenir el tràfic de sal fins al principi dels anys noranta del segle XX, en què va ser tancat definitivament. Hui és l'únic itinerari lliure per al visitant que pretenga acostar-se a la llacuna de Torrevella. Si és així, s'aconsella que ho faça amb les últimes llums del dia per a poder observar la posta de sol, magnificada esplèndidament en el decorat de l'espill aquàtic de la llacuna.

Actualment, l'equilibri ambiental d'aquest aiguamoll està greument amenaçat. Al terme municipal de Torrevella s'està duent a terme una urbanització desproporcionada. L'aposta constructora ha sigut invertir la tendència cap a la verticalitat dels apartaments del veí Benidorm per la construcció en horitzontal. El resultat és a la vista de tots: un paisatge rural i natural transformat en un tot urbanitzat i despersonalitzat. Els xalets i apartaments es construeixen sobre el límit mateix de la franja de 500 m de territori de protecció del parc si no l'envaeixen en molts punts concrets. No es recorda un *boom* de la urbanització en cap lloc del nostre litoral tan espectacular com el que s'està duent a terme pels voltants de les llacunes de la Mata i Torrevella. A més, les transformacions agrícoles i l'ús indiscriminat de productes químics fitosanitaris contaminen els sòls i les aigües del paratge, mentre que la caça il·legal no està tan perseguida com mereixeria l'excel·lència d aquest aiguamoll. Com a conseqüència, el parc és hui un malalt necessitat d'una assistència delicada i d'un respecte de què actualment no gaudeix.

Nom: Llacunes de la Mata-Torrevella.

Superfície: 4.154 ha.

Comarca: el Baix Segura.

Municipis: Torrevella, Guardamar del Segura i Los Montesinos.

Situació legal: Parc Natural en el marc de la Llei d'Espais Naturals Protegits de la Comunitat Valenciana del 1994. Forma part de la proposta del Govern Valencià per a ser inclòs en la xarxa europea Natura 2000 de Llocs d'Interés Comunitari (LIC). També és Zona d'Especial Protecció per a les Aus (ZEPA), a més d'estar inclòs en el conveni RAMSAR de protecció de zones humides i, des de l'any 2002, forma part del Catàleg de Zones Humides del Govern Valencià.

Clima: Mediterrani litoral semiàrid. Temperatures suaus a l'hivern i molt elevades a l'estiu. Pluges concentrades a la tardor i a la primavera, amb una forta sequera estival. Les precipitacions, generalment, amb prou faenes hi superen els 300 l/m² anuals.

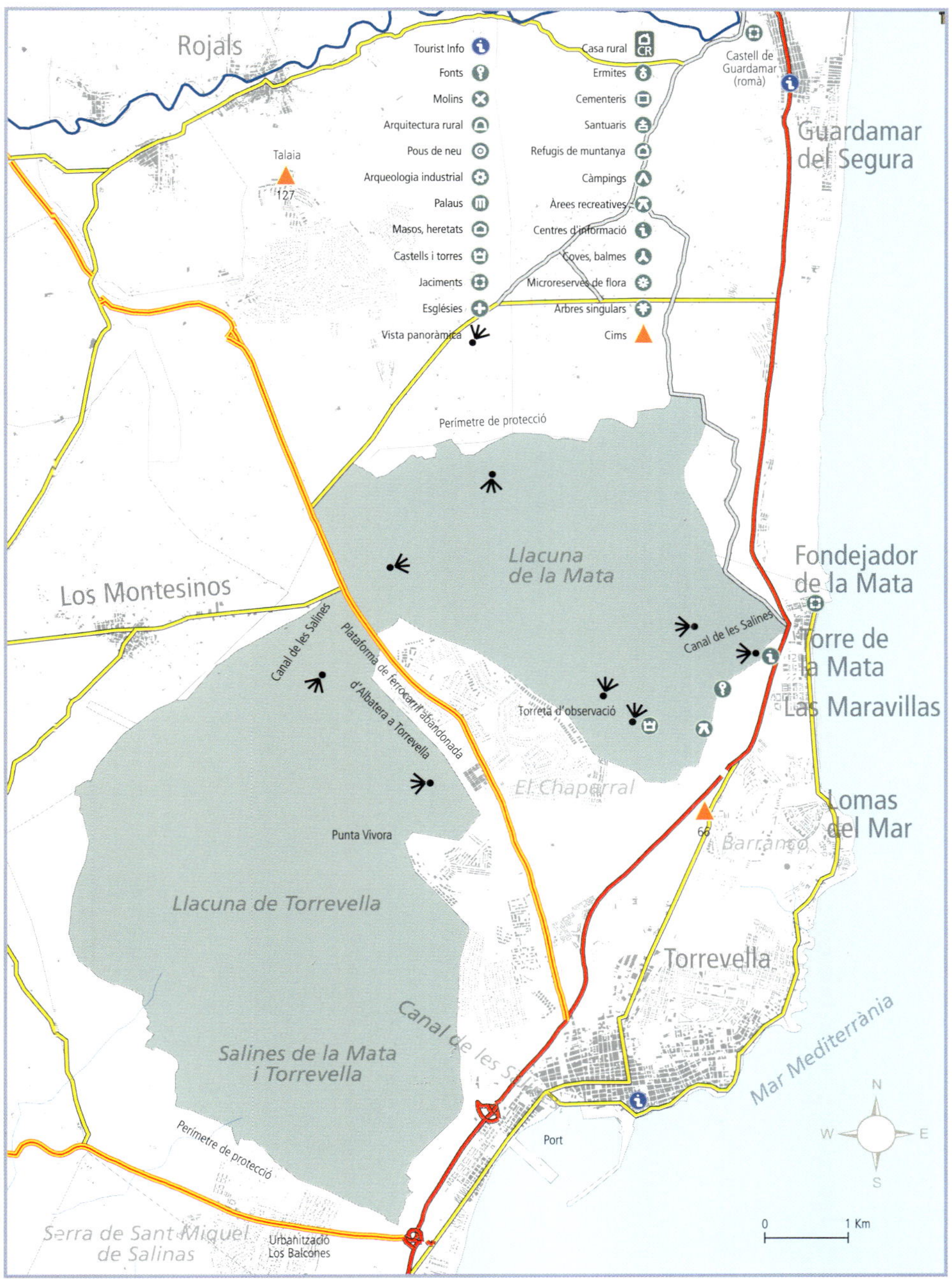

Litologia: llims de mareny envoltats per una orla de llims negres, rojos i còdols encrostats d'origen quaternari. Glacis detrítics o al·luvions dels anticlinals circumdants.

Itineraris: des del centre d'informació ix un itinerari principal que proposa diferents parades d'observació: el Terrabastall; El Acequión; els observatoris (un a peu de llacuna i un altre amb una torre que permet una panoràmica privilegiada) i la zona del pinar. L'any 2002 es va restaurar i es va actualitzar la senyalització dels itineraris (hi ha bancs i fonts públiques que recreen zones tranquil·les).
Oficialment, aquests itineraris tan sols permeten la visita circular a la llacuna de la Mata, i suggereixen l'ús de la bicicleta i el passeig a peu. L'itinerari circular tan sols està permés entre el 15 d'agost i el 13 de març.

Referències bibliogràfiques:

Amat Domènec, F. (1991): *Bioecología de Artemia Salina en la laguna de la Mata*. Ed. Institut de Cultura Juan Gil-Albert. Alacant.

Martínez López, Carolina (1988): *Las Salinas de Santa Pola y La Mata: un estudio histórico a través de sus recursos naturales, industriales y humanos*. Ed. Institut Municipal Joaquín Chapaprieta Torregrosa.

Vega de Orduña, Alejandro de la i altres (2000): *Guía práctica de aves del Parque Natural de las lagunas de la Mata y Torrevieja*. Ed. Ajuntament de Torrevella. Torrevella.

[Dalt] Restinga que separa les llacunes de la mar.

Índex

Espècies vegetals

Denominació vulgar	Denominació científica
Agulloles, ull de perdiu	*Erodium sanguischristi subsp. sanguischristi*
Aladern	*Rhamnus alaternus*
Albaida	*Anthyllis cytisoides*
Àlber	*Populus alba*
Alfals arbori	*Medicago arborea subsp. citrina*
Alfals marí	*Medicago marina*
Alga de vidriers	*Posidonia oceanica*
Arítjol	*Smilax aspera*
Asterisc de marina	*Asteriscus maritimus*
Bàlsam	*Carpobrotus edulis*
Boga, bova	*Thypha sp*
Borró	*Amophila arenaria subsp. arundinacea*
Botja peluda	*Doricnium hirsutum*
Bracera de Sagunt	*Centaurea saguntina*
Bruc	*Erica sp*
Bufalaga marina	*Thymelaea hirsuta*
Bufera arbustiva	*Withania frutescens*
Càdec	*Juniperus oxycedrus subsp. macrocarpa*
Campaneta de mar	*Calystegia soldanella*
Canyís	*Phragmites australis subsp. australis*
Caps blancs de Columbretes	*Lobularia maritima columbretensis*
Card sant	*Carduncelus dianius*
Cascall marí	*Glaucium flavum*
Cabell de Venus	*Adiantum capilli-veneris*
Centàurea de Segària	*Centaurea segariensis*
Cirialera	*Limonium sp*
Clavell de flor gran	*Dianthus hispanicus subsp. fontqueri*
Conillets, trencaqueixals	*Antirrhinum barrelieri subsp. Barrelieri*
Credeueta marina	*Crucianella maritima*
Donzell	*Artemisia coerulescens*
Ensopeguera de Cavanilles	*Limonium cavallinesii, L. perplexum*
Ensopeguera o trenca l'olla, ensopegall	*Limonium sp*
Espantallops	*Colutea arborescens*
Esparreguera	*Asparragus acutifolius*
Esparreguera blanca	*Asparragus albidus*
Espartina	*Spartina versicolor*
Esperons de roca	*Chaenorrhinum origanifoliium subsp. crassifolium*
Espí blanc	*Lycium intricatum*
Fals aladern, olivella	*Phillyrea angustifolia*
Fenoll marí	*Chrithmum maritimum*
Ferradura valenciana, de roca	*Hippocrepis valentina*
Figuera palera	*Opuntia ficus-indica*
Franquènia	*Frankenia corymbosa*
Frare groc	*Cystanche phelypaea subsp. phelypaea*
Gazul	*Mesembryanthemun nodiflorum*
Ginestó valencià	*Osyris lanceolata*
Herba gelada	*Mesembrianthemum crystalinum*
Herba salada, Salicòrnia cirialera, salat	*Gèneres: Salicornia sp; Sarcocornia sp; Artrocnemum sp; Halocnemum sp*
Jonc	*Juncus sp; Scirpus sp*
Jonc agut	*Juncus acutus*
Jonc d'estany	*Scirpus lacustris*
Jonca marítima	*Scirpus maritimus*
Jusquiam	*Hyoscyamus albus*
Llengua d'oca	*Potamogeton sp*
Llentilla d'aigua	*Lemna giba*
Llentilla d'aigua menuda	*Lemna minor*
Llentiscle	*Pistacia lentiscus*
Lleterasa de platja	*Euphorbia paralias*
Lletsó marí	*Sonchus tenerrimus*
Lligabosc mediterrani	*Lonicera implexa*
Lliri de mar	*Pancratium maritimum*
Lliri groc	*Iris pseudacorus*
Llistó	*Elymus farctus*
Magraneta de corb	*Cynomorium coccineum*
Malva mauritànica	*Lavatera mauritanica subsp. Davaei*
Mansega	*Cladium mariscus*
Marfull	*Viburnun tinus*
Margalló	*Chamaerops humilis*
Orella de ratolí	*Sarcocapnos saetabensis*
Panical marí	*Eryngium maritimum*
Perlina blanca	*Othantus maritimus*
Pi blanc	*Pinus halepensis*
Pi pinyoner	*Pinus pinea*
Pinastre	*Pinus pinaster*
Rave de mar	*Cakile maritima*
Rogeta	*Rubia peregrina*
Roseta de penya	*Scabiosa saxatilis subsp. saxatilis*
Safanòria de mar	*Echinophora spinosa*
Sajolida	*Satureja sp*
Salat ver, sosa prima, barrella	*Suaeda vera*
Salze	*Salix sp*
Savina	*Juniperus phoenicea*
Sempreviva	*Helichryum stoechas*
Silene d'Ifac	*Silene hifacensis*
Tamariu, tamarit	*Tamarix canariensis*
Timó terrer	*Thymus webbianus*
Trèvol	*Trifolium sp*
Trencadalla	*Kosteletzkya pentacarpos*
Trencapedres d'Ifac	*Teucrium buxifolium subsp. hifacense*
Ullastre	*Olea europaea var. Sylvestris*
Ungla de gat	*Ononis natrix*
Violer marí	*Malcomia littorea*
Xop	*Populus nigra*

Espècies animals

Denominació vulgar	Denominació científica
Agró blau	*Ardea cinerea*
Agró roig	*Ardea purpurea*
Àguila calçada	*Hieraaetus pennatus*
Àguila de panxa blanca	*Hieraaetus fasciatus*
Àguila pescadora	*Pandion haliaetus*
Àguila serpera o marcenca	*Circaetus gallicus*
Agulleta de riu	*Syngnathus abaster*
Aligot comú	*Buteo buteo*
Ànec capblanc	*Oxyura leucocephala*
Ànec collverd, collverd	*Anas platyrhynchos*
Ànec xiulador	*Anas penelope*
Anguila	*Anguilla anguilla*
Arpellot cendrós	*Circus pygargus*
Arpellot de marjal	*Circus aeruginosus*
Ascle	*Anas strepera*
Astor	*Accipiter gentilis*
Baldriga cendrosa	*Calonectris diomedea*
Barb comú	*Barbus bocagei*
Bec d'alena, alena, llesna	*Recurvirostra avosetta*
Bívia ibèrica	*Chalcides bedriagai*
Bívia tridàctila	*Chalcides chalcides*
Boix	*Aythya ferina*
Braga ibèrica o madrilla	*Leuciscus pyrenaicus*
Bragat, ànec cullerot	*Anas clypeata*
Brúfol, duc	*Bubo bubo*
Busquereta capnegra	*Sylvia melanocephala*
Cabra de mar	*Maja squinado*
Cabrellot	*Podiceps cristatus*
Cabussó collnege	*Podiceps nigricollis*
Cabussonet	*Tachybaptus ruficollis*
Camallonga	*Himantopus himantopus*
Cargol d'aigua	*Chondrina gasulli*
Carpa	*Cyprinus carpio*
Carpí roig	*Carassius auratus*
Carranc corredor	*Pachigrapsus marmoratus*
Castanyola, castanyoleta	*Chromis chromis*
Círvia, cerviola	*Seriola dumerilii*
Cogullada vulgar	*Galerida cristata*
Collblanc gran	*Oenanthe leucura*
Conill	*Oryctolagus cuniculus*
Corb marí emplomallat	*Phalacrocorax aristotelis*
Corriol camanegre	*Charadrius alexandrinus*
Corriolet, corriol menut	*Charadrius dubius*
Dàtil de mar	*Lithofaga lithophaga*
Dot, fals abadejo	*Epinephelus alexandrinus*
Dragó	*Tarentola mauritanica*
Eriçó d'arena, de sorra, de cor	*Echinocardium cordatum*
Eriçó de mar	*Paracentrotus lividus*
Eriçó europeu	*Erinaceus europaeus*
Escateret	*Hydrobates pelagicus*
Esparver	*Accipiter nisus*
Espinós, punxoset	*Gasterosteus aculeatus*
Estornell rosat	*Sturnus roseus*
Fadrí	*Thalassoma pavo*
Fagina	*Martes foina*
Falcó de la reina	*Falco eleonorae*
Falcó pelegrí	*Falco peregrinus*

Denominació vulgar	Denominació científica
Fardatxo	*Lacerta lepida*
Fartet	*Aphanius iberus*
Flamenc	*Phoenicopterus ruber*
Fotja comuna	*Fulica atra*
Fumarell de galta blanca	*Chlidonias hybrida*
Fumat	*Phoenicurus ochruros*
Gamarús	*Strix aluco*
Gambeta	*Palaemonetes zariquieyi*
Gambeta d'aigua dolça	*Paleomonetes zariquieyii*
Gambúsia	*Gambusia affinis*
Gavià argentat mediterrani	*Larus cachinnans*
Gavina corsa	*Larus audouinii*
Geneta	*Genetta genetta*
Gòbid d'arena	*Pomatochistus microps*
Gomet	*Ixobrychus minutus*
Granota verda, comuna	*Rana perezi*
Gripau	*Bufo bufo*
Gripau corredor	*Bufo calamita*
Gripau d'esperons	*Pelobates cultripes*
Guatla	*Coturnix coturnix*
Guiula, donzella	*Coris julis*
Judia, merita	*Vanellus vanellus*
Llebre	*Lepus europaeus*
Llenguado ver	*Solea vulgaris*
Llissa llobarrera	*Mugil cephalus*
Llobarro	*Dicentrarchus labrax*
Martinet de nit	*Nycticorax nycticorax*
Mascarell	*Sula bassana*
Mero	*Epinephelus guarza*
Mongeta	*Sterna albifrons*
Mostela	*Mustela musimon*
Mussol comú	*Athene noctua*
Ofegabous, tritó meridional	*Pleurodeles waltl*
Oriol	*Oriolus oriolus*
Oroval	*Ardeola ralloides*
Perca americana	*Micropterus salmoides*
Perdiu comuna, roja	*Alectoris rufa*
Perdiu de mar, carregada	*Glareola pranticola*
Polla d'aigua	*Gallinula chloropus*
Porc senglar	*Sus scrofa*
Puja-soques, bitxac comú	*Saxicola torquata*
Rabosa	*Vulpes vulpes*
Rat penat	*Pipistrellus pipistrellus*
Rat penat de cova	*Miniopterus schreibersi*
Rata cellarda	*Eliomys quercinus*
Rata d'aigua, talpó	*Arvicola sapidus*
Ratolí de camp	*Apodemus sylvaticus*
Roget	*Aythya nyroca*
Rosseta	*Marmaronetta angustirostris*
Samaruc	*Valencia hispanica*
Sargantana cendrosa	*Psammodromus hispanicus*
Sargantana cuallarga	*Psammodromus algirus*
Sargantana cua-roja	*Acanthodactylus erythrurus*
Sargantana de Columbretes	*Podarcis atrata*
Sargantana ibèrica	*Podarcis hispanica*
Serp blanca	*Elaphe scalaris*

Denominació vulgar	Denominació científica
Serp d'aigua	*Natrix maura*
Serp de collaret	*Natrix natrix*
Serp de ferradura	*Coluber hippocrepis*
Serp verda	*Malpolon mospessulanus*
Sivert	*Netta rufina*
Tadorna (ànec blanc)	*Tadorna tadorna*
Teixó	*Meles meles*
Teuladí de canyar	*Emberiza schoeniclus*
Tifort	*Tringa totanus*
Todó, tudó	*Columba palumbus*
Tórtora comuna	*Streptepelia turtur*
Tortuga boba	*Caretta caretta*
Tortuga d'aigua europea	*Emys orbicularis*
Tortuga d'aigua ibèrica	*Mauremys caspica*
Xatrac d'albufera	*Sterna hirundo*
Xitxarra coronada o mostatxuda	*Acrocephalus melanopogon*
Xitxarra de marjal, de canyar	*Acrocephalus scirpaceus*
Xoriguer comú	*Falco tinnunculus*
Xot	*Otus scops*

Topònims i antropònims

Nota bibliogràfica

Per a aquells que vulguen saber més sobre les costes valencianes, és rellevant l'aportació dels geògrafs valencians, iniciada el 1969 per V. M. Rosselló amb *El litoral valencià.* Pel que fa al medi físic, destaquen *El norte del País Valenciano,* de J. Mateu; *Las costas valencianas,* d'E. Sanjaume; i *La erosión antrópica en el litoral valenciano,* de J. Pardo. El procés turístic ha sigut analitzat, entre altres, per F. Vera en *Turismo y urbanización en el litoral alicantino.* Aquest autor i R. Martín van dirigir el 1993 l'estudi *El litoral valenciano* per al llavors Ministeri d'Obres Públiques, Transport i Medi Ambient. La Conselleria d'Obres Públiques disposa des de l'any 2000 d'un Llibre Blanc de la costa de la Comunitat Valenciana. Per als aiguamolls, pot consultar-se *Humedales y áreas lacustres de la provincia de Alicante,* de M. Box, o *Zonas húmedas litorales,* de J. A. Gómez i altres autors. Un exemple magnífic de com divulgar els valors del nostre litoral és la *Guía de la naturaleza de la costa de Castellón* de M. A. Gómez, O. Mayoral i J. Domingo.

La pàgina web de la Conselleria de Territori i Habitatge <http://parquesnaturales.gva.es> ofereix també una àmplia informació sobre els parcs naturals en valencià, castellà i anglés. En format paper, aquesta mateixa Conselleria ha editat unes guies gratuïtes en els idiomes esmentats sobre recorreguts interns de cada parc. Entre altres dades, aporten informació sobre els aspectes més destacats de la fauna i la flora, i recomanacions sobre les millors èpoques de l'any per a visitar-los. Aquestes guies poden trobar-se a la mateixa Conselleria de Territori i Habitatge, als centres d'informació de cada parc i a les oficines de turisme de la Comunitat Valenciana. En el moment de la redacció d'aquest volum, hi havia disponibles les guies dedicades als paratges següents: la serra d'Irta, el prat de Cabanes-Torreblanca, l'Albufera, el penyal d'Ifac, les salines de Santa Pola, el Fondo d'Elx i les llacunes de la Mata-Torrevella.

ESPAIS **naturals** del litoral valencià

Text	José Manuel Almerich, Jorge Cruz Orozco i Paco Tortosa
Flora i fauna	Geni Roda
Fotografies	Paco Tortosa, Geni Roda (flora), Pere Juan Garcia i Joan Castany (fauna)
Editor	Joan Carles Girbés
Coordinació editorial	Eugeni Alberola
Correcció d'estil	Soledad Carreño
Correcció lingüística i traducció	Joan Ramon Borràs
Disseny gràfic	Enric Solbes
Disseny de mapes	Miquel Asensi
Coordinació tècnica	Xavier Tortosa
Maquetació	Eva Bueno, Susana Fraguas, Pere Fuster i Dani Roselló
Impressió	Bormac
Depòsit legal	V-4753-2003
ISBN	84-7660-778-4
1a edició	Novembre, 2003
© d'aquesta edició	Edicions Bromera, SL
	Polígon Industrial 1 46600 Alzira
	www.bromera.com
	bromera@bromera.com

La present edició ha sigut traduïda amb una ajuda de la Conselleria de Cultura, Educació i Esport de la Generalitat Valenciana. La publicació d'aquesta obra ha estat possible gràcies a la col·laboració de: els ajuntaments de l'Alcúdia, Alfara del Patriarca, Alginet, Alzira, Burjassot, Carcaixent, Castelló de Rugat, Estivella, Quart de Poblet, Teulada i Xàbia; Bancaixa; Diputació d'Alacant; Direcció General del Llibre de la Conselleria de Cultura, Educació i Esport i Conselleria de Territori i Habitatge de la Generalitat Valenciana; Falla la Malva; Mapfre; Universitat de València i Universitat Jaume I.

Paper ecològic. La pasta utilitzada en la fabricació d'aquest paper procedeix de boscos de renovació controlada i ha estat blanquejada sense l'ús del gas de clor (EFC, lliure de clor elemental). Les tintes emprades en la seua impressió s'han elaborat sense olis minerals, sobre una base de vehicles purament vegetals.